T0118748

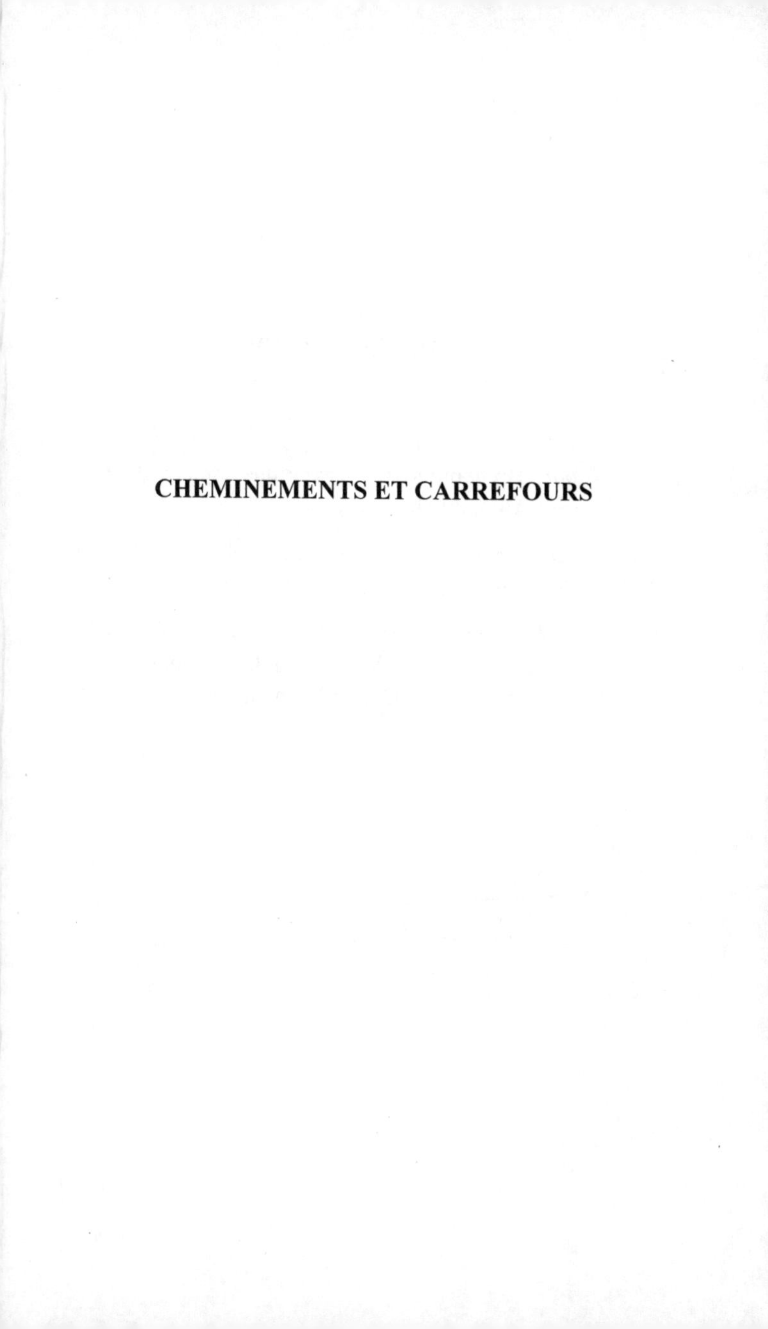

CHEMINEMENTS ET CARREFOURS

DU MÊME AUTEUR

De L'Iliade, Brentano's, 1943 avec une préface de Jean Wahl ; rééd. Allia, 2004.

On the Iliad, Princeton University Press, 1947, traduction de Mary Mc Carthy, préface de Hermann Broch.

Lettres à Jean Wahl 1937-1947. Sur le fond le plus déchiqueté de l'Histoire, édition établie et annotée par Monique Jutrin, Éditions Claire Paulhan, 2003.

ESSAIS D'ART ET DE PHILOSOPHIE

Rachel BESPALOFF

CHEMINEMENTS ET CARREFOURS

Préface de
Monique JUTRIN

Deuxième édition

PARIS
LIBRAIRIE PHILOSOPHIQUE J. VRIN
6, Place de la Sorbonne, V^e^
2004

ISBN 2-7116-1716-5

Imprimé en France

www.vrin.fr

PRÉFACE À LA DEUXIÈME ÉDITION

> « Est-ce pour voir plus clair en soi ou pour se délivrer de soi que l'on se laisse tenter par ce je ne sais quoi qui est le secret d'un être – la vérité qu'il *est*, non celle qu'il se donne, et qu'on ne peut déchiffrer sans la faire sienne ? »
>
> (Lettre à Jean Wahl du 8 novembre 1938)

Née en 1895, dans une famille juive originaire d'Ukraine, Rachel Bespaloff grandit à Genève, où elle étudia la musique au Conservatoire. À l'âge de vingt ans elle quitta Genève pour Paris. Après son mariage en 1922 avec Nissim Bespaloff, elle abandonna une carrière musicale qui s'annonçait brillante. L'on ne sait exactement quand elle commença à écrire. Mais la rencontre de Léon Chestov, philosophe existentiel d'origine russe, fut déterminante dans son évolution intellectuelle. Elle confia à Jean Wahl que la pensée de Chestov fut un « aliment » au moment où se produisit son « éveil » philosophique[1]. D'après Daniel Halévy, c'est son mari qui révéla

1. Rachel Bespaloff, *Lettres à Jean Wahl 1937-1947. Sur le fond le plus déchiqueté de l'Histoire*, Éditions Claire Paulhan, 2003.

le talent d'écrivain de Rachel, en lui dérobant à son insu ses manuscrits pour les montrer. C'est ainsi que Daniel Halévy en prit connaissance et les fit lire à Gabriel Marcel et à d'autres philosophes. Entre 1932 et 1939 Bespaloff publia divers articles dans *La Revue philosophique* ainsi que dans *La Nouvelle Revue Française*: ce sont des textes consacrés à Heidegger, à Kierkegaard, à Gabriel Marcel, à André Malraux, à Julien Green, à Jean Wahl.

Bien qu'il lui fût dur de s'arracher à la France, en juillet 1942 elle s'embarqua pour New York accompagnée de son mari, de sa fille, de sa mère. À son arrivée, elle travailla d'abord à la radio, dans la section française de la *Voix de l'Amérique*; ensuite elle fut introduite par Jean Wahl au Collège de Mount Holyoke où elle enseigna la littérature française. Elle y termina son second livre : *De l'Iliade*, entamé dès 1939. Publié en français en 1943 chez Brentano's avec une préface de Jean Wahl, il fut ensuite traduit en anglais.

Son séjour aux États-Unis est vécu comme un exil, sa patrie intellectuelle reste la France. Elle interroge avidement ses amis sur la vie culturelle et politique à Paris. Grâce à leur entremise, en particulier grâce aux efforts de Boris de Schloezer, elle parvient à faire publier quelques articles: des notes sur Van Gogh, une longue étude sur Montaigne, son dernier article, posthume, consacré à Camus. Ayant rencontré Sartre lors de son passage à Mount Holyoke en mars 1946, elle fut impressionnée par son intelligence, mais exprimera son désaccord sur « Qu'est-ce que la littérature? »[1]. Un grand

1. « À propos de "Qu'est-ce que la littérature ?" », *Fontaine*, nov. 1947.

nombre de textes demeurent inachevés : elle avait entrepris une vaste étude sur le Temps : « La liberté et l'instant ».

Le 6 avril 1949, Rachel Bespaloff mit fin à ses jours. Personne ne comprit ce suicide : elle était appréciée de ses collègues, aimée de ses élèves, elle semblait en pleine période créatrice. Aucun de ses proches, même ceux à qui elle parlait de son extrême lassitude, ne paraît avoir perçu la fêlure, le mal qui la rongeait. Au-delà de l'intelligible et du dicible, cet acte relève du secret intime.

Aujourd'hui, l'on redécouvre cette femme intelligente, sensible, lucide ; l'on rassemble ses manuscrits souvent inachevés. Sa pensée, nourrie aux sources de la pensée juive et de la pensée grecque, se situe dans le courant de la première pensée existentielle, aux côtés de celle de Léon Chestov, de Benjamin Fondane, de Gabriel Marcel, de Jean Wahl, celle qui précède l'existentialisme de Sartre[1]. C'est une pensée tragique qui tourne autour du problème de la liberté et tente de trouver le bonheur dans l'instant. Elle ne sépare jamais la philosophie de la vie, ni la lecture de l'existence.

« Lectrice admirable, elle est de celles qui conçoivent la critique tout à la fois comme l'approfondissement vivifiant et la mise à l'épreuve spirituelle d'une œuvre », écrit Olivier Salazar-Ferrer[2]. Pour Rachel Bespaloff, la lecture implique nécessairement le lecteur et « l'engage » profondément. Toute son œuvre est née d'une lecture passionnée. Elle éprouve

1. « Sartre a détruit l'instant. Pour ma part, je ne suis pas avec les existentialistes, je suis et je reste avec les penseurs existentiels. », Lettre du 14 avril 1947 à Daniel Halévy.

2. « Rachel Bespaloff et la nostalgie de l'instant », *Cahiers Léon Chestov*, n° 3, 2002.

souvent, hésitant sur leur statut, une sorte d'embarras à parler de ses propres écrits, qu'elle désigne sous le terme de « paperasses » ou de « notes ». En fait, un grand nombre de ses textes sont nés d'une discussion avec l'un de ses correspondants, ou d'un besoin de communiquer des impressions de lecture.

Publié chez Vrin en 1938, *Cheminements et Carrefours* contient cinq essais portant sur Julien Green, André Malraux, Sören Kierkegaard, Gabriel Marcel et Léon Chestov. À travers chacun des ces auteurs, elle vibre à une expérience individuelle, elle traque l'instant de vérité, de liberté. Dans son avant-propos Bespaloff définit son entreprise : il s'agit d'une lecture existentielle centrée sur ce qu'elle nomme « *l'expérience éthique* ». « *Deviner les êtres à travers les textes* : entreprise douteuse qui ne vaut que pour celui qu'elle tente », affirme-t-elle. Ce cheminement le long d'une œuvre serait le « trajet d'une expérience fragmentaire à l'affût du réel ». Or, qu'est-ce qu'une œuvre ? Pour Bespaloff, c'est « *la possibilité de ne pas étouffer, un trésor d'incertitudes qui rendent à la vie un sens* ». Comme Léon Chestov, comme Benjamin Fondane, Rachel Bespaloff s'intéresse à des hommes plus qu'à des auteurs : « la vérité n'est pas au terme d'une recherche méthodique mais au terme d'une compréhension profonde qui ne s'ouvre que lorsque notre propre existence est mise en branle et est *directement intéressée* à la solution recherchée ».

C'est en 1936 que Gabriel Marcel suggéra à Rachel Bespaloff de réunir en un volume ses articles déjà parus. Il en parla à son ami Henri Gouhier, directeur chez Vrin de la collection « Essais d'art et de philosophie ». Dans la correspondance échangée entre Rachel Bespaloff et Henri Gouhier, l'on peut suivre leurs discussions au sujet du contenu du livre et de son titre. Rachel Bespaloff proposa d'abord pour titre : *Cheminements*; elle dut y renoncer, car il avait déjà été utilisé par Bréal ainsi que par Meyerson. Après avoir hésité entre *Êtres et textes* et *Cheminements et Rencontres*, l'on opta finalement pour *Cheminements et Carrefours*. Si le volume est dédié « À Léon Chestov », c'est qu'elle voulut « adoucir l'amertume » qu'il avait éprouvée en lisant le texte qui lui était consacré. Le livre sortit en automne 1938, à un moment où Rachel Bespaloff avait la sensation que son livre serait bientôt dépassé par les événements qui entraînaient l'Europe vers le désastre.

À Jean Wahl qui préparait une étude sur *Cheminements et Carrefours*, elle écrivit :

> Je me réjouis beaucoup de lire ce que vous avez écrit au sujet de mes invraisemblables cheminements. Je suis sûre que cela m'apprendra beaucoup de choses. Je n'y ai jamais songé mais il est vrai que j'invoque Chestov contre Marcel, et Nietzsche contre Chestov... vrai aussi que j'ai mis souvent Tolstoï au-dessus du débat. Mais ma dernière référence, la toute dernière, ce n'est pas Tolstoï, c'est l'Écriture, les prophètes. [...] Eux seuls [les prophètes] me parlent de ce que j'ai vécu en septembre, de ce que je viens de vivre pendant ces terribles semaines de novembre [1].

L'article de Jean Wahl paraît en janvier-février 1940 dans la *Revue philosophique de la France et de l'Etranger* : c'est une longue étude de 18 pages où l'auteur se propose de suivre

1. Lettre du 8 novembre 1938, publiée dans *Lettres à Jean Wahl*, *op.cit.*

« l'itinéraire d'un esprit qui se nourrit d'œuvres elles-mêmes nourries d'un conflit » et de « suivre sa lutte avec ses auteurs en lutte avec eux-mêmes ». « Tout ce livre amène donc à ce démêlé avec Chestov dont Nietzsche et Tolstoï sortiront grandis, comme derrière un pic que l'on croyait suprême, on en découvre soudain d'autres, décidément plus hauts », écrit-il, avant d'entamer la fin de l'article où il médite sur le rôle de l'idée de transcendance et de subjectivité dans la pensée de Bespaloff.

Monique Jutrin

A Léon Chestov

AVANT-PROPOS

Ce risque est beau en effet, et dans les croyances de cette sorte, il y a comme une incantation qu'il faut se faire à soi-même (Platon).
Les solitaires sont des spécialistes (P. Valéry).

Deviner les êtres à travers les textes est une entreprise douteuse qui ne vaut que pour celui qu'elle tente. Quand les corps sont promis à toutes les violences, le goût d'interroger les âmes se défend mal, et d'autant plus que la notion d'âme semble elle-même s'effriter. Les textes au bas desquels s'inscrivent ces notes racontent l'histoire d'une mue : la conscience y dépouille les peaux mortes des vieux concepts, se crée de nouveaux organes. Transformée, elle essaie sa vigueur et ses astuces.

Une œuvre, pour le lecteur, c'est d'abord la possibilité de ne pas étouffer, un trésor d'incertitudes qui rendent à la vie un sens inépuisable. C'est aussi, dans le choc de la découverte, l'assurance que la sensibilité n'a pas fini de nous surprendre ni la conscience de se former. Les auteurs, rassemblés ici au gré de mes lectures, m'offraient tout cela – et plus que je ne pouvais saisir. À vrai dire, il s'agit moins de choix que de rencontres, avec tout ce que ce mot comporte de hasard et de prédestination. Ce ne sont là que cheminements le long des œuvres, trajets d'une expérience fragmentaire à l'affût du réel.

Si pourtant je cherche ce qui relie ces penseurs et ces poètes, c'est à la musique que je pense d'abord. Ce qu'ils m'ont enseigné se réfère à elle de façon précise bien qu'indéfinissable. Une spéculation qui s'attache à transformer les virtualités de l'existence en objets de conscience sans les immobiliser dans des concepts se rapproche de la musique par son aspiration au fondamental. Nietzsche a bien vu que la musique « est effort et volonté (*ein Streben und Wollen*) dans un domaine qui apparaît au regard vulgaire comme le domaine du non-vouloir, un plongeon dans la mer de l'oubli, le jeu d'ombre émouvant des passions abolies » [1].

Il ne s'agit pas d'une ressemblance superficielle, due à l'imitation des procédés musicaux, mais d'une identité de structure dans l'organisation des rythmes de la pensée et des passions. En tout métaphysicien d'un certain type – poète, philosophe ou romancier – il y a un compositeur qui s'efforce de ravir à la musique le pouvoir de tirer du chaos une liberté et une loi. Ce résidu intemporel de la combustion des heures, que la musique a la propriété de faire paraître en déployant la substance sonore dans le temps, se retrouve dans une pensée qui ne se disjoint du *mélos* dont elle est nourrie qu'à l'instant

1. Nietzsche, *Volonté de Puissance*, F. Wuerzbach (éd.), trad. fr. G. Bianquis, Paris, N. R. F., 2 vol., 1935-1937, t. I, p. 241.

de s'incarner. Nietzsche n'a jamais cessé « d'entendre la musique qui accompagne la tragédie de l'existence » ni d'aspirer à une musique sans *pathos* qui l'en délassât – car il n'est pas de situation où la musique lui ait fait défaut. Chacun des auteurs étudiés ici part d'une révélation du réel qui porte le sceau de la musique. De ce que j'avance, je ne saurais, il est vrai, fournir de preuves. Et pourtant je reconnais cette empreinte, même chez Green : plus encore que sa haine de la lumière du jour et son obsession du grand paradis nocturne, la qualité de ses images trahit je ne sais quelle parenté entre l'imagination visionnaire et la sensibilité musicale. Dans les dernières œuvres de Malraux, la musique surgit au terme d'une confrontation entre la pensée et les réalités de la lutte et de la mort. Elle se lève derrière le rideau de silence qui coule sur le monde épuisé. Il y a toujours, chez Malraux, cet instant où l'intelligence fourbue, à bout de mots, s'abandonne à la musique et lui laisse la parole. Quant à G. Marcel, sa philosophie restera inévitablement lettre close pour qui se trouve démuni d'expérience musicale, car c'est dans la musique qu'elle a ses références et ses repères, et c'est par la musique qu'elle s'articule au concret. Avec Chestov, nous ferons un pas de plus : il ne craint pas d'affirmer que « l'essence de toute philosophie, même de celle d'Aristote, est entièrement dans la musique ». Les philosophes, pense-t-il,

> devraient trouver un substantif du verbe *entendre* et lui accorder les mêmes droits qu'à l'intuition. Et davantage même encore. Car le plus important, le plus nécessaire, on ne peut le voir, on ne peut que l'entendre. Les mystères de l'être sont

soufflés silencieusement à l'oreille de celui qui sait, quand il le faut, devenir tout ouïe [1].

Pour tous ces êtres, l'existence sans musique serait effectivement une erreur, au sens le plus profond. Ils n'auraient plus de refuge contre le soupçon d'irréalité. La musique leur donne l'assurance que l'objet de leur recherche existe, s'est déjà incarné, possède un langage. Un trait commun à ces auteurs, c'est qu'ils ne prennent pied dans la réalité qu'à la faveur du conflit qui les dresse contre elle. L'obstacle même devient leur ressource : par un choc en retour, le sentiment d'irréalité leur donne accès à l'immédiat. Ce désaccord entre le réel dont ils ont perçu la voix et la réalité qu'ils mesurent du regard engendre le problème de la transcendance. Je n'emploie qu'à regret, faute de mieux, ce mot trop extensible où une multitude de moments, d'images, d'expériences, de réponses, se fondent en une certitude d'absolu. Aussi bien, toute définition de la transcendance demeure-t-elle ambiguë : elle englobe dans une même signification la capacité de dépassement propre à la passion et l'irréductibilté de l'être à quoi cette passion se heurte. Ainsi, chez Nietzsche, le transcendant c'est à la fois la recherche infinie du vrai dans le dépassement de toute vérité acquise, et la volonté de puissance qui commande cette recherche; chez Kierkegaard, le Dieu que notre péché a fait absolument différent de nous-mêmes et la passion qui lutte pour abolir cette différence. Aucun des auteurs étudiés ici n'a tenté de dissiper l'équivoque. La transcendance n'a pas été définie; en revanche, elle a reçu un nom : elle est la Volonté de

1. Chestov, *Le pouvoir des clefs*, Paris, Vrin, 1938, p. 291.

puissance qui conditionne le Tout[1], le « Dieu qu'il ne faut pas défendre mais chercher »[2], « la possibilité infinie du destin »[3], le monde invisible de l'imagination poétique où « l'âme se rappelle ce qu'elle pensait n'avoir jamais connu[4]. Les uns voient en elle l'acte par lequel l'homme divinise son propre pouvoir créateur en lui accordant une existence autonome, l'hypostase des moments culminants de la vie[5]. Pour les autres, la transcendance se révèle dans la certitude d'être en face de…, d'être la chose de…, d'être dans l'Être… Ici elle apparaît comme la rupture fulgurante de l'immanence par le remords[6], là comme la transfiguration de l'immanence par la négation du péché[7]. Il n'est de solution au problème de la transcendance qu'en l'œuvre vivante où s'efface enfin la discrimination entre la réalité et le réel dans la vision de l'incompréhensible lien qui fait leur dépendance réciproque.

Si, comme l'écrit G. Marcel, « le contrepoids ontologique de la mort ne peut résider que dans l'usage positif d'une liberté qui devient adhésion c'est-à-dire amour », il ne s'ensuit pas que l'objet de cette adhésion puisse être connu et désigné d'avance. En réalité, la pensée de la mort n'entame pas, en nous, cet inavouable amour de la vie qui ne va pas sans honte

1. Nietzsche.
2. Chestov.
3. Malraux.
4. Green.
5. « Est-ce la capacité de désirer qui est la force motrice elle-même ? Est-elle Dieu ? », demande Nietzsche, XV, 381.
6. Kierkegaard.
7. Nietzsche.

parce qu'il atteint le fonds de l'humilité – amour totalement dénué d'exigence, auquel il suffit « qu'il y ait de l'être ».

Ainsi, l'interprétation de la transcendance dépend uniquement de ce qui nous donne au plus haut degré le sentiment d'une liberté efficace. Mais il n'y a de liberté que par l'imagination lucide qui a pétri notre univers, le seul que nous puissions aimer et connaître. Il faut en faire l'aveu : ce que je tiens pour le vrai, le réel, est à la merci – de quoi ? – d'une sensibilité dont je connais les écarts et les intermittences. Qu'il y ait là un scandale pour le philosophe, j'en conviens. Son propos n'est-il pas de nous fournir une garantie morale pour le vrai ? La transcendance ne se détruit-elle pas si elle ne tient qu'à une distance entre moi et moi-même ? Pour le philosophe, assurément, mais non pas pour l'individu. Peut-être faut-il enfin concevoir que « le plus grand problème, l'unique, est celui de la sensibilité » [1].

Ce que la sensibilité exige, ce n'est pas la totalité en tant que telle, mais la plénitude dans l'unité : un Tout dont le noyau central soit la certitude à laquelle nous identifions notre être. Si cette assurance s'écroule, la totalité se brise : la cohérence du savoir ne parvient plus à la maintenir intacte. Voici l'homme réduit à sa propre vie, c'est-à-dire à sa propre mort. La réponse n'était qu'un écho, la transcendance a le registre que je lui donne. Quand ma vie physique est en danger, je cesse de croire aux incantations que je me fais à moi-même, à des valeurs qui s'effondrent au contact de la réalité. Je me demande comment j'ai pu vivre pour ce qui n'existe pas. Mais peut-être suis-je encore dupe d'une trompeuse lucidité ? Le rétrécissement de

1. Paul Valéry.

mon être dans l'action ne m'impose-t-il pas un horizon plus étroit auquel correspond une vision plus bornée ? Mes vérités sont à ma merci, mais ne suis-je pas moi-même à la merci d'une vérité dont je perçois la menace à l'approche du péril ? Quoi qu'il en soit, l'urgence de la décision coupe court à ces problèmes : je dois agir avant de les avoir résolus – perdre jusqu'au souvenir de la complexité. L'expérience la plus vaste a vite fait de me ramener à ma mesure, à ma nature – qu'ainsi je découvre. Il y a en elle un résidu inassimilable qui blesse la conscience comme un corps étranger. Peut-être l'expérience se définit-elle moins par son ampleur et son contenu que par son rapport à ce je ne sais quoi, en nous, qu'elle n'enrichit ni ne comble, que l'échec n'instruit pas, ne tue pas. Dans le sol calciné de l'expérience, rien, semble-t-il, ne pourra plus germer ; on s'étonne du peu qu'il faut pour que la vie ressuscite, capable de transcendance. Par ces résurrections, ces éclipses, ces métamorphoses, la sensibilité façonne la durée et la conscience. Engagées dans un devenir complexe, réalité et sensibilité se créent et se détruisent réciproquement, sont l'une pour l'autre l'occasion et l'obstacle, le prétexte et la fin. Cette lutte nous épuise : nous cherchons le repos dans une vérité ultime. Nous cherchons… mais ici la recherche et le but se confondent.

NOTES SUR JULIEN GREEN[1]

À travers les créatures sauvages et recluses qui lui servent de truchements, Green dénonce une présence accablante. Elle règne, et toute chose décline comme aspirée par son propre néant. Le désir s'ensable dans des voies détournées et la vie tarirait si des orages de colère n'en ranimaient la source. Ainsi contemplée, la réalité n'offre plus à l'esprit que le spectacle de son impossibilité. À force d'être lourde, proche, irréfutable, elle perd soudain le prestige de son évidence, et ne retrouve de signification que reconstruite à l'échelle du fantastique.

Dans « la zone de silence », entre le rêve et la veille, où il est tout à soi-même, le héros greenien est assiégé d'images, lourdes « du poids des choses réelles », qui lui dévoilent sa destination secrète. Mais ce « don de voir », cette faculté de connaître « par les yeux de la chair » une vérité refusée à l'esprit, ne lui valent jamais qu'une imparfaite libération.

1. *Mont-Cinère*, Paris, Plon, 1926; *Adrienne Mesurat*, Paris, Plon, 1927; *Le voyageur sur la terre*, Paris, N. R. F., 1927; *Les clefs de la mort*, Schiffrin; *Leviathan*, Paris, Plon, 1929.

Pour pénétrer dans cet univers de la privation essentielle et du manque, il faut se résoudre à partager l'exil des créatures qui l'habitent, admettre que leur délaissement n'a rien de fortuit. Ces êtres, dont la convoitise désespérée fait de la joie un au-delà inaccessible vers lequel gravitent vainement leurs passions, ne possèdent que la certitude de la mort où leur vie est déjà tout engagée. Ils ne cessent d'épier le cheminement souterrain de l'angoisse qui les livre, démunis et désarmés, à la fascination de la peur. Il faut qu'un trouble persistant chasse Philippe[1] de sa maison pour qu'il découvre enfin l'abîme de sa lâcheté. La peur s'empare de lui à la faveur d'un malaise sans nom. Que celle-ci s'évanouisse, l'angoisse, dont le motif est « le seul fait de vivre », n'en subsiste pas moins, indépendamment des prétextes qu'elle se donne.

L'amour, chez Green, est-il rien d'autre que la distraction inguérissable d'un être se fuyant lui-même et, dans sa fuite, poursuivant obstinément un objet qui se dérobe ? Le désir, ici, se fortifie de toute la violence que l'existence met à se perdre. Adrienne, Eliane, Guéret, trouvent une dernière ressource contre eux-mêmes dans cet attachement absolu. Ils s'éprennent de n'importe qui : tout leur est bon dont puisse s'emparer la force de désespoir qui les habite. Adrienne en convient : « Je ne vous ai pas choisi », dit-elle au Dr. Maurecourt. « Je ne l'ai pas choisi », s'avoue Eliane, songeant à son beau-frère. Et Guéret, pas davantage, n'a choisi Angèle, la blanchisseuse toujours auréolée de l'éblouissante blancheur du linge frais. Nulle liberté, nulle préférence ne président à ces inclinations,

1. *Épaves*.

et nulle fatalité charnelle. Quelque chose et n'importe quoi pour boucher les fissures qui donnent sur le néant. Jamais ici la passion n'atteint la cime où, dans son déchaînement même, elle domine son tumulte. Aussi bien n'y a-t-il chez Green qu'un tragique de la passion avortée.

En dépit de quelques crimes, il ne se passe absolument rien dans ces romans. L'événement est absent des régions où la mort seule a le pouvoir de dénouer des situations qui s'éternisent. Ce n'est donc pas un hasard si le meurtre et le suicide, dictés par la rancune et l'effroi, forment le pivot de l'action dans la plupart des œuvres de Green. Point d'autre issue à une situation qui n'en comporte aucune que d'infliger la mort ou de se la donner.

D'emblée, le paroxysme de la souffrance est atteint : au-delà, rien. Le vent de la peur, dont une angoisse étouffante décuple la violence, dévaste les êtres qu'il courbe sous ses orages. Dans l'impasse où elle s'est jetée, l'existence aux abois se débat férocement.

Les visions et les cauchemars des personnages de Green possèdent, comme le rêve même, la propriété de résoudre l'enchevêtrement insaisissable des impulsions, des désirs, des regrets, en images révélatrices qui font connaître le jugement secret de l'homme sur soi. Dans le cauchemar d'Eliane, l'horrible vision d'Adrienne pendant sa fugue, la vérité éclate en ce qu'elle a d'atroce. Il n'est nullement question de refoulement : au contraire, cette connaissance de soi que toutes deux désavouent, aucune digue n'en peut contenir le progrès. Le cauchemar leur rend une clairvoyance qu'elles cherchaient vainement à désarmer et les contraint de l'exercer. L'hallucination dissipe en elles l'illusion de continuité rassurante inlassablement entretenue par le sens commun, cet allié si précieux lorsqu'il s'agit de voiler, d'atténuer la signification trop précise de ce que le destin nous donne à entendre. Ce n'est pas une énigme de l'inconscient que le rêve leur propose, mais une vérité élémentaire, trop connue, dont elles étouffent le cri. Environnées de mort, toutes issues coupées, elles ne peuvent plus feindre de l'ignorer.

La monstruosité de l'existence quotidienne à l'état d'isolement exerce sur Green une sorte de fascination. Il ne peut détacher son regard de la brutale nudité de la vie intérieure. Les monstres dont il peuple son univers dévoilent l'intime complicité qui les unit à nous dans la routine haineuse des jours. À ses grimaces, à ses excès, à sa démesure, nous reconnaissons dans le monstre la démente qui nous habite et ne cesse, jusqu'à notre mort, de ronger avec une infatigable frénésie les barreaux de la cage où nous la confinons.

Etrangement voyante, à sa façon, et toujours aux aguets, cette démente est informée bien avant la raison des moindres altérations, des plus légères variations de notre être. Pour tromper sa vigilance, l'homme harcelé cède aux sollicitations de la cruauté et de la curiosité, l'une à l'autre mêlées. Ces instruments de la vie jeune et belliqueuse, avide de possession infinie, deviennent les armes défensives de la vie déclinante, proche de l'épuisement. Mme Londe, Mme Legras, Miss Gay, larves monstrueuses dont une certaine parenté physique accuse encore l'anonymat, ne travaillent qu'à donner pâture à une curiosité vorace. La cruauté patiente de

Mme Grosgeorge, insatiable comme l'ennui qui l'engendre, est le dernier refuge d'une existence terrassée par le néant. Cette femme empoisonnée de rancune, qui passe plusieurs heures de « satisfaction parfaite » à la nouvelle du crime, ne goûte l'oubli de soi que dans la seule brutalité. Il importe que le mal qu'elle inflige fasse réparation au mal qu'elle subit afin que le destin tienne droite sa balance d'iniquité. « Ce serait un soulagement que de faire le mal à son tour et d'engendrer a souffrance car elle supportait un poids trop lourd » – nous dit Green, éclairant ainsi la malfaisance humaine. La méchanceté sadique d'un Mesurat ou d'une Grosgeorge, lorsqu'elle s'exerce aux dépens de leurs propres enfants n'a d'autre origine que l'intolérable fardeau, « ce poids trop lourd » *dont ils ne savent pas qu'ils sont accablés*. C'est cependant pour l'alléger que le premier oblige sa fille mourante à se lever, que la seconde gifle son fils, que Mrs Fletcher marchande des bûches à Emily transie et malade, que tous ils refusent d'être inquiétés par autre chose qu'eux-mêmes. Chez Eliane, un sadisme timide encore, dont le fils de Philippe fait les frais, apparaît et s'affirme à mesure qu'augmente son désespoir.

Les victimes de cette monstruosité finissent elles-mêmes par en être contaminées. Le corps chétif et malingre d'Emily est tout secoué de venimeuses colères, de fureurs homicides. Le mépris devient l'unique volupté de ces impuissants. Ce mépris, cependant, les lie à leurs bourreaux par d'étranges liens. Délivrés d'eux, ils perdent toute raison de vivre : Emily périt atrocement, Adrienne devient folle. Bourreaux et victimes souffrent du même mal, de la même oppression, qui en fait des créatures dissimulées et violentes. Vivant les uns et les autres dans l'isolement définitif des êtres condamnés au mensonge, feignant d'ignorer le jugement sans appel qu'ils ont eux-mêmes prononcé, ils s'arment de sournoiserie.

Voués à la réclusion, les personnages de Green ne sont pourtant jamais seuls. La famille est la geôle dans laquelle se débat leur solitude, la cellule où on la séquestre. Dans la haine, comme dans l'amour, ils s'en prennent au premier venu, au « prochain » par excellence, butent contre cet obstacle et ne réussissent plus à s'en dépêtrer. Le milieu familial n'est pour eux qu'une organisation de haines qui rôdent, et entrecroisent leurs traits dans une atmosphère empoisonnée d'inguérissable plaie. Il s'y développe un goût de l'humiliation, poussé au paroxysme, aui leur procure on ne sait quel poignant contact avec la vie. Ils portent à la fois le poids de l'isolement et les chaînes de la promiscuité familiale.

Ici l'ennui, la peur, la sournoiserie, la colère, la haine, la cruauté, ne sont que les avatars d'une passion outragée et frappée d'impuissance. Incapable de soulever l'existence au-delà d'elle-même, cette passion se fait complice de ce qui la détruit et appelle sur soi tous les tourments. Défigurée, elle ne l'est pas au point que l'on ne devine, à travers les masques dont la réalité l'affuble, quelque trait de son vrai visage. Cela suffit pour que la liberté bannie devienne l'axe même d'un univers où tout ramène à son absence.

Dès les premières lignes des livres de Green, nous subissons le climat lourd et uniforme de la souffrance, et nous n'y échappons plus :

> Le premier espoir du matin s'évanouissait : après avoir souhaité l'apparition de cette lumière qui grandissait par-dessus les têtes des tilleuls, elle n'avait de cesse à présent que la nuit ne vînt l'engloutir à nouveau. Quel supplice n'était-ce pas d'être astreinte à suivre les heures dans leur interminable voyage alors que tout en elle bondissait et voulait courir,

dit encore Green de Mme Grosgeorge.

L'on pense ici aux paroles de l'Écriture :

> l'Éternel rendra ton cœur agité, tes yeux languissants, ton âme souffrante. *Ta vie sera comme en suspens devant toi*, tu trembleras la nuit, et le jour *tu douteras de ton existence*. Dans l'effroi qui remplira ton cœur et en présence de ce que tes yeux verront, tu diras le soir : puisse le matin être là.

La fuite du temps, pour Green, s'identifie à l'angoisse. Astreintes à suivre le cheminement des heures, ses créatures souffrent de contenir vainement en elles le bondissement d'une liberté à jamais enchaînée à une durée finie. Fermées à leur avenir authentique, elles s'épuisent à attendre du futur l'exaucement d'un désir insensé. Cependant, chacune d'elles *sait* que cette attente est vaine et a déjà – et définitivement – désespéré. Adrienne pressent qu'elle n'obtiendra jamais l'amour de Maurecourt. Emily n'ignore pas que la possession de Mont-Cinère ne la guérira ni de sa laideur ni de sa disgrâce. Guéret devine qu'Angèle ne l'aimera jamais. La durée qu'ils connaissent finie et mortelle, perpétuellement, se dérobe à eux. Ils vivent moins qu'ils n'achèvent d'expirer dans le piège où ils sont pris.

« Il me semble, dit le jeune garçon des *Clefs de la mort*, que ma vie est prise dans je ne sais quel enchantement obscur et familier». Cet «enchantement» qui tient la vie en suspens permet à la durée d'apparaître dans sa nudité primordiale. Les fausses perspectives d'infini que lui prête l'affairement quotidien s'évanouissent : l'être est sur le point de s'effriter, de se dissoudre dans le néant… Que l'enchantement se dissipe et le mirage du temps éternel reprend consistance, l'accroc fait au voile uniforme qui recouvre la durée est réparé. Il a suffi cependant de cette déchirure pour que la tare originelle de la durée fût divulguée. Il se révèle qu'une possibilité d'être n'a pas été saisie, qu'elle est à jamais manquée, que de toute manière et de plus loin qu'on ne se l'imagine, l'existence s'est fourvoyée, s'est engagée dans des chemins sans issue.

Cette révélation peut-elle être tolérée, acceptée ? L'homme prendrait-il la peine de se concevoir autre qu'il n'est s'il ne se concevait très exactement tel qu'il est ? L'existence acculée au refus, à l'impossibilité d'accepter ce qu'*elle se sait être*, tel est encore une fois l'unique thème du tragique greenien.

Les éléments qu'emprunte le romancier à notre univers pour construire le sien ne servent pas à reproduire, avec plus ou moins de bonheur, une réalité rebelle à toute transparence. Il a le droit de choisir ceux que les moyens de son art lui permettent de transmuer en un cristal dont le prisme décompose les rayons inconnus qu'il a su capter.

Humeurs fugaces, caprices, intermittences, tout ce jeu insaisissable, en nous, d'ombres et de lumières qui s'affrontent et se pourchassent inexplicablement, témoignent obscurément d'une ouverture sur l'être. Le plus souvent, cette connaissance immédiate demeure stérile, trouble et confuse comme la sensibilité qui lui a donné naissance. Mais il arrive qu'en se réfléchissant elle se précise et s'affirme. En certain cas, l'inépuisable faculté d'atteindre le réel et d'en être intimement affecté s'accompagne du pouvoir de l'exprimer, de le façonner au gré d'une lucidité créatrice. Tel est celui du romancier, qui en ceci ne se distingue pas du poète. D'où l'importance, chez lui, des premières sensations et impressions de l'enfance et de l'adolescence. Chargées d'une vie, d'une énergie inconsommables, elles constituent en lui un passé toujours actuel qui conserve indéfiniment son caractère explosif. Certaines visions d'enfance, semble-t-il, ont à jamais marqué Julien Green[1]. Elles sont à l'origine des sombres mythes dont son œuvre garde l'empreinte. Si ces moments vécus formaient une expérience hermétique, strictement subjective, incommunicable, leur signification, dans l'œuvre du romancier, demeurerait incompréhensible. L'on ne s'explique pas par quel prodige l'écrivain en découvrirait, dans son art, l'équivalent qui nous les rend accessibles. Mais si cette expérience ne s'épuise pas en affectivité pure, si la connaissance qu'elle renferme peut être dégagée de sa gangue, l'art n'est que l'initiation aux sortilèges qui réussissent à la capter et à la manifester, et s'intègre ainsi au phénomène primordial de l'existence dans sa totalité.

Une image, dit Baudelaire, est un miraculeux voyage, une minute de salut. Telle est bien, chez Green, la signification de

1. Dans son regard sur la réalité on reconnaît encore celui que l'enfant jette sur les adultes quand fasciné et terrifié, il découvre en eux, pour la première fois, des êtres soumis à la loi de la déchéance et de la mort.

l'image. D'où son retentissement prolongé à travers notre propre durée, et cette vibration insolite en quoi réside son pouvoir.

Certaines, lumières – l'enseigne lumineuse dont les rayons se glissent à travers les fentes des volets de la fenêtre d'Eliane, la bande de « lumière dévastatrice » qui s'étale sur le tapis au moment où Eliane va avouer à sa sœur son amour pour Philippe, le « soleil cerné de noir » vers lequel Henriette s'avance, aveuglée, hallucinée, au risque de se faire écraser, et dans le coin du chantier où se jette Guéret après le crime, les trois tas de charbon violemment éclairés par la lune qu'un « immobile ruissellement fait palpiter d'une vie mystérieuse et terrifiante » – certaines lumières fascinent irrésistiblement et procurent une espèce de transe aux êtres qui les contemplent. Aveuglantes, il semble cependant qu'elles soient sur le point de dessiller nos yeux. L'éclairage implacable et inusité qu'elles projettent sur les objets les nettoie de leur patine d'utilité, les arrache aux routines quotidiennes. Green le dit lui-même quelque part : « Les choses transfigurées par un violent éclairage n'appartenaient plus à ce monde et participaient d'un univers inconnu à l'homme ». Cet univers méconnaissable, dont l'étrangeté, soudainement, nous étreint est précisément celui qui surgit, lorsque les mécanismes qui règlent la vie quotidienne, éminemment rassurante et protectrice, se détraquent et nous laissent *interloqués* devant un spectacle déroutant. C'est pourquoi la description des « terrains vagues » joue chez Green un rôle si important. Ce sont des lieux de *dépaysement*. La trame des paysages connus s'y défait et révèle ses défauts. Les nœuds qui en maintiennent si solidement les parties se relâchent. Et dans ces interstices apparaît, transparaît une Présence que l'éternelle agitation de l'action et du rêve nous dissimule. Les quais déserts de la Seine nocturne, un sous-sol peuplé de statues, un chantier abandonné, une construction inachevée, tels sont les décors déshumanisés, indispensables à la mise en scène des visions de Green. Joignons-y la petite ville de province dont le visage anonyme revient si souvent dans son œuvre et qui a l'accablante tristesse d'une banlieue. L'ennui stagnant qui suinte de toute part dans ses rues vides n'est-il pas le climat greenien par excellence? Les bords de la Seine et les quartiers parisiens eux-mêmes, chez Green, distillent, à la longue, cet indéfinissable ennui provincial. En ces lieux où ils viennent errer, ses lamentables héros atteignent au point culminant de l'angoisse: les sorties sans but de Philippe, la promenade nocturne d'Adrienne à Montfort-l'Amaury sont des fuites désespérées qui ne les ramènent qu'à leur détresse.

Une fois, cependant, Green, dans les *Clefs de la Mort*, a entrevu l'horizon musical où la vie se délivre. Ce récit est composé classiquement comme une pièce de musique. Les trois thèmes exposés au début – le cri dans la prairie, l'Arbre, le tapis et ses personnages – reparaissent à la fin, repris tous trois dans la tonalité initiale qui est celle de la mort: c'est le cri mystérieux qui cloue Jean sur le point de tuer Jalon, le sapin que veut revoir Odile avant de mourir, le grand homme noir qu'elle y découvre avec son arc et ses flèches.

De loin en loin, à travers les livres de Green, certaines inflexions nous laissent en suspens. Un «hélas» d'Angèle quelques instants avant d'être assommée, a l'accent d'un « lamento » qui prélude à la scène du guet-apens.

La plainte de Jalon à la mort d'Odile – « la belle petite fille » – met en jeu une pédale de basse dont la tenue se maintient jusqu'à la fin du récit. Les quelques lignes de coda qui terminent *Léviathan* en prolongent à l'infini les résonances.

Sur les chemins qui mènent à la musique, Green n'a fait encore que des pas chancelants. Peut-être est-ce le plus précieux de son œuvre…

À de rares instants, Green a l'intuition d'un état qui d'une autre manière, mais à l'égal de l'angoisse, met en cause la condition humaine comme telle. Nous en percevons l'écho dans la contemplation d'Henriette sur le balcon où, regardant fuir un nuage, il lui semble voyager vers les pays lointains de son enfance, dans le profond *ravissement* qui la submerge au moment même où la tentation du suicide la saisit. Ce bonheur sans raison qu'elle retrouve intact, elle l'a déjà connu autrefois devant ce coin de tapis usé qu'atteignait le soleil l'été et qui lui faisait dire : « ne bougeons pas d'ici, tout est tranquille, je suis heureuse ».

Un texte d'*Adrienne Mesurat* est à rapprocher de celui-ci :

> Par un subit retour sur elle-même, elle se souvient de certaines journées d'enfance. Il y avait des heures où elle avait été heureuse, *mais elle ne s'en était pas rendu compte et il avait fallu qu'elle attendît cet instant de sa vie pour le savoir*; il avait fallu que sa mémoire lui rappelât cent choses oubliées.

Ces « choses oubliées » attendent pour ressusciter le point d'orgue intérieur qu'amène une sensation pleine, non pas émoussée avant d'être vécue ni recouverte de ce crépi de vie affective superficielle qui masque ordinairement l'absence de réaction spontanée. Ce qui résonne alors, c'est un passé qui n'a jamais cessé d'être et nous est restitué dans son intégrité dès que nous nous sommes rejoints. Le choc de la sensation nous rend à notre identité existentielle. Il nous délivre de l'attente et nous arrache à l'espoir d'un avenir qui n'ait pas la figure de notre destin.

Et qu'est-ce donc de si précieux qu'Adrienne et Henriette retrouvent dans leur passé en ce court instant de répit enchanté que leur dispensent les rayons du soleil déclinant ou la fraîcheur des étoiles « dans une petite portion de ciel » ? Le souvenir de quelque surprenante aventure ? Nullement… Une chanson d'enfance, le soleil d'été sur un coin de tapis usé, un moment de vie qui n'avait rien de remarquable ni d'important, dans toute son humilité. Quelque chose d'opaque et d'obscur qui résistait, se brise dans la lumière, atteint la transparence.

Éternellement projetés au-devant de nous-mêmes, nous demeurions sourds au chant de cette basse profonde qui soutient l'enchevêtrement des voix innombrables. Soudain, à la faveur du ravissement, le souvenir nous le rend perceptible et dénonce la présence du bonheur à la racine même de l'existence dépouillée. C'est cette révélation qui fait hésiter Adrienne sur la place envahie de nuit « couverte de grandes mares dans lesquelles la lune voyageait lentement». C'est elle encore qui s'impose à Henriette avec une persuasion déchirante.

Henriette a d'ailleurs je ne sais quoi de léger, de ténu, de frémissant qui bat de l'aile et veut se délivrer. Elle reste fidèle au jeu de son enfance qui consiste à « s'appuyer sur le vent ». En cette transe, Henriette dérive, toutes amarres détachées. Entraînée par un invisible courant, elle ne se détourne plus de la mort. La vision du fini ne suscite en elle qu'une plénitude sans nom, une adhésion totale d'une simplicité parfaite.

Sans doute cette délivrance est-elle fugitive. Les créatures de Green ne connaissent du bonheur qu'un écho douloureux. Si la lame de fond du souvenir ne les submergeait, ils en ignoreraient jusqu'à la possibilité. Qu'importe ? Le ravissement, ce don que l'existence se fait à elle-même, ouvre sur la durée mortelle des horizons trop tôt refermés. Et le désir incoercible d'en perpétuer la trace n'est-il pas à l'origine de toute nostalgie créatrice ?

La poésie de Green anime les espaces muets où gisent les corps mutilés des passions. Ses images nous font hésiter au seuil d'un silence que blesse un cri si aigu, si ténu qu'à peine il nous parvient, à travers quelles distances…

Le contraste du *ralentando* de la souffrance avec le rythme accéléré de la catastrophe donne à cette poésie son caractère essentiel : *une course traquée au sein d'une immobilité massive*.

D'un livre à l'autre, chez Green, il n'y a pas, il ne peut y avoir de progrès. Dans *Mont-Cinère*, il était déjà tout ce qu'il est, obéissant aux voix alternées qui se répondent à travers son œuvre. Tout au plus perçoit-on un danger dans *Épaves*. Il est à craindre que la substance des personnages au moyen desquels il guette et dépiste inlassablement l'existence se fasse de plus en plus mince. Ce ne sont plus que des écrans irréels. Il y a là un équilibre à garder qui ne peut être compromis sans que l'œuvre en pâtisse.

Peut-on souhaiter que Green pénètre plus avant dans les régions qu'il nous laisse entrevoir en certaines pages où l'angoisse et le ravissement, à travers le souvenir, se délient dans le chant ?

NOTE SUR LE *VISIONNAIRE*

Cette œuvre nous rend plus sensible le passage de l'obsession à la vision dans la création poétique de Green. Elle laisse transparaître la texture du mythe intérieur où s'entrelacent énigmatiquement les fibres de la réalité et du rêve. Nulle part l'imagination visionnaire n'est plus assujettie à cette fatalité première, ni plus tendue vers sa délivrance. Astreinte à reproduire les scènes immuables qu'a fixées l'effroi de l'enfance, elle les transforme en ordonnant à ses propres fins la monotone fabulation du désir. Les rigides acteurs du drame originel se changent en êtres de chair doués d'une vie dense et précise. Cette Mère mauvaise, receleuse de mort, cette Sœur adolescente – « belle petite fille » convoitée et perdue que supplante un jeune tyran inhumain[1] – nous apparaissent, de livre en livre, chargées d'une vérité plus substantielle. Participant à la fois de l'existence mythique et

1. L'inspiration du *Visionnaire* se rattache directement à celle de *L'Autre Sommeil* dont le héros est lui aussi un visionnaire au sens greenien du terme.

de l'existence vécue, les héros de Green tiennent de cette double origine une durable puissance d'envoûtement.

Affligé d'une maladie incurable, Manuel obtient une guérison paradoxale au-delà de la santé, rejoint le réel au-delà de la vie. Pendant ses mornes veillées, il décrit avec une ardente minutie « l'étrange demeure des ténèbres et de violence » où il se dérobe à la poursuite de « l'énorme rival ». Mais ce reclus, enfoncé dans sa nuit, n'en jette pas moins un regard aigu sur le monde diurne. À mesure qu'il s'éloigne de la réalité visible, il devientplus attentif à ses moindres révélations commne s'il puisait en elles le pouvoir de faire le pas décisif vers l'inconnu. « Un son de ferraille dans la fraîcheur du matin », « les pas d'un promeneur invisible qui longent un mur blanc », se détachent des rumeurs confuses et résonnent inoubliablement. Au plus épais de la forêt du songe, des trouées découvrent au visionnaire les lieux qu'il voulait fuir. Éclairé par le « grand astre noir », le monde où il se mouvait avec gêne et fatigue le fascine par une mystérieuse intensité de présence. Le transport extatique de la vision engendre une nouvelle faculté d'expression et, soudain, « le jeu se change en une réalité grave et belle » qui tout ensemble arrache et rend le visionnaire au souci de lui-même. Ici l'image est à la fois instrument de magie et de prospection. Elle résume la durée en un instant d'immobile frénésie, concentre le mouvant dans une apparition intemporelle. Mme Plasse, remontant son voile de crêpe comme « une espèce de rideau qu'elle saisissait de ses poings », ou le rabattant d'un geste maléfique sur son dur et magnifique visage », fait surgir le démoniaque enfoui dans le quotidien.

Si la poésie permet seule au visionnaire de reprendre sa « vraie stature », elle ne peut exorciser les forces du passé qui le courbent vers son destin morose. Jusque dans l'univers « profond, terrible et radieux » de l'invisible, il reste prisonnier de son ingrate nature, de ce qui est, de ce qu'il est. Là encore, il rencontre « à tout moment, grandis au-delà des proportions humaines, le doute de soi et la peur de mourir ».

Le rythme du soulèvement contre la mort domine l'œuvre tout entière : d'abord égal et mesuré, dans le récit uni de Marie-Thérèse, puis accéléré jusqu'au paroxysme dans le déchaînement orgiaque de la mort de la Vicomtesse, il revient, durant la frileuse agonie du visionnaire, à sa forme élémentaire, au silence d'où il émane [1]. La courbe des tensions et des décharges que provoque la poussée des forces affectives, l'ordre selon lequel se multiplient ces déflagrations, confèrent à l'œuvre son unité. La durée y est resserrée entre l'avènement de la Nuit, qui prête une sorte d'horreur sacrée au premier rendez-vous furtif des deux enfants troublés, et la levée du jour, l'écroulement du rêve dans la morne lumière de la déception finale.

Le motif de la révolte athéiste du visionnaire intervient à plus d'une reprise au cours du récit, toujours entrelacé au thème central du désir et de la mort. À mesure que la maladie détruit l'impalpable tissu de possibilités, d'espoirs et d'attentes qui protège la vie et l'empêche de se réduire en poussière à l'approche du néant, l'être « désarmé devant l'horreur de la

1. À l'exception de deux ou trois scènes avec Mr Ernest et Antoine où l'auteur semble perdre le contrôle de lui-même, ce rythme, toujours, sert le chant qu'il informe.

mort » s'aperçoit « combien la religion compte peu dans ce voisinage ». Se soulever contre le Dieu de Mme Plasse est un moyen, pour Manuel, d'échapper à l'empire de sa terrible protectrice. Aussi est-ce à l'abri du jour, à l'heure où il renaît à soi-même, qu'il prononce la formule de son élargissement : « Mon Dieu… je ne puis t'offrir de prières, mais accepte du moins la parole d'un cœur honnête : je te renie ». Cette conjuration, dans le vide d'une absence incommensurable – seul événement réel de la vie du visionnaire – est peut-être la première ébauche d'une relation authentique à Dieu. « Cette phrase, ajoute-t-il, produisit sur moi un effet extraordinaire; elle ne traduisait pas exactement ce que j'avais l'intention de dire, mais elle correspondait à une vérité profonde et j'eus l'impression d'avoir atteint par mégarde une région défendue. Tout à coup, je recevais le don d'une liberté étrange, mais dont je ne savais que faire; j'étais l'esclave qui s'aperçoit que sa chaîne ne tient plus ». En cet instant luit une possibilité vertigineuse qu'il lui suffit d'avoir entrevue pour éprouver le choc d'une « vérité profonde ». De cette région défendue, atteinte « par mégarde », au seuil de quoi il hésite, lui parvient l'inutile don d'une « liberté étrange ». Mais non plus que dans la réalité soumise à la loi du talion, le visionnaire ne se dégagera, dans les constructions du rêve, de ces liens « qui ne tiennent plus et l'accablent si lourdement ». À peine s'est-il aventuré dans la voie interdite qu'aussitôt il recule. Et c'en est fait : venue on ne sait d'où, Mme Georges, qui a « la bêtise surhumaine de la mort » et de la nécessité, le somme de la suivre. Dès lors qu'il refuse de s'engager plus avant, il faut qu'il cède à cette tyrannie incompréhensible. La mort devenue l'unique vérité, la suprême tentation, le cerne de toute part, le guette à travers la maladie et tantôt le dégrise brutalement, tantôt lui communique une puissante ivresse lorsqu'elle surgit des profondeurs du mythe, décorée d'images violentes « qui prennent la place d'une réalité insaisissable ». Elle seule, désormais, « l'appelle du fond de la vie ». En l'intense contemplation du mystère de l'agonie, il frôle cette limite où commence « ce qui ne peut se nommer ».

Mais déjà la maladresse congénitale au contact du bonheur, qui le fait s'égarer et toujours lâcher sa proie, présageait cette déroute finale. « Combien de défaites comme celles-là faudrait-il encore pour m'anéantir », se demande-t-il à l'issue de son équipée dans les bois avec les trois petites filles. Moments étranges où le jeu et l'effroi, l'étourderie et le trouble, l'angoisse de la sensualité maladroite et de l'innocence blessée se confondent en un tourbillon de poussiéreux désespoir.

D'échec en échec, la ferveur du désir décroît et la Beauté qu'il poursuit se dérobe un peu plus à sa violence défaillante. Toujours, chez Green [1], la Beauté revêt le caractère d'une force rude et inexorable qui l'apparente à la nécessité. Tous ses héros succombent à cette fatalité destructrice. Cet absolu du Beau qui est l'œuvre même du désir en demeure à jamais disjoint. La sollicitation inouïe de la Beauté inonde l'homme du désespoir de sa propre indigence. Il se perd, s'il ne trouve en soi de quoi y répondre. Pour Green, le drame de la possession engendré par la Beauté ne prend fin que dans la mort.

1. Comme souvent chez Baudelaire.

Du fond de la détresse, la vérité affleure dans l'illumination de l'adieu. À l'instant où s'écroulent à la fois l'inhabitable réalité et la citadelle du mythe, une mystérieuse tendresse, jaillie de l'inconnu de son être, envahit le visionnaire. « Pendant un court moment, ce visage où n'avait jamais parlé que la souffrance respira la tendresse et la joie. C'est toi que j'aimais, fit-il en chuchotant ». Rien ne trouble plus une reconnaissance infinie.

NOTES SUR ANDRÉ MALRAUX[1]

I

« Ce que doit exiger de lui-même celui qui se sait séparé, c'est le courage ». L'œuvre de Malraux doit être lue et comprise à la lumière de cette parole : elle dégage l'énergie d'une pensée résolue, nourrie du « mépris de toutes les acceptations ». Le refus de céder à l'intimidation du malheur fait de l'homme ce qu'il est véritablement, détermine son rang parmi les êtres. De tous ses actes, celui-là seul le met en présence de lui-même et lui révèle sa vraie mesure en l'obligeant à la dépasser. Loin de se dérober à l'épreuve du courage, l'esprit la recherche pour rassembler sa puissance – et, au besoin, la provoque. Renonçant à son immunité, il se laisse envahir, accepte de se lier, lui l'impalpable, à la chair souffrante.

Le conquérant de Malraux ne s'abandonne point au hasard ; il choisit de s'y exposer afin de prendre possession de

1. *La voie royale*, Paris, Grasset ; *Les conquérants*, Paris, Grasset, 1929 ; *La condition humaine*, Paris, N. R. F., 1933.

lui-même dans l'effort de la décision. L'aventure est le lieu où son être se ramasse devant l'imprévisible, où ses sentiments maîtrisés se transforment en pouvoir. Il transporte une solitude que le combat préserve de la moisissure. La passion de l'épreuve forme ici le ressort d'un drame dont la réalité même est le théâtre. Elle libère les antagonismes latents et pousse jusqu'à leurs conséquences dernières les conflits au sein desquels le héros « joue sa vie sur un jeu plus grand que soi ». Ce courage-là, précisément parce qu'il prétend faire obstacle à l'universelle désagrégation, se maintient par l'obsession du néant. Il tire son origine d'une invincible répugnance à la bassesse d'une vie « livrée à l'espoir et aux songes », vendue d'avance à la mort.

Les romans de Malraux se déroulent tous dans l'espace rigoureusement clos de la scène tragique. Tout converge vers l'instant où l'imminence du péril devient insoutenable, où l'exaltation furieuse de l'homme qui va s'écraser contre sa fatalité atteint sa limite extrême. Malraux ne se contente pas de situer ses personnages dans l'aire de la mort; il leur retire jusqu'à la dernière chance d'évasion en les livrant à l'horreur ineffable de la torture. Le thème et l'image de la marche au supplice le hantent; il se peut qu'il n'y revienne dans chacune de ses œuvres, et n'en fasse le centre du drame. Victime d'un énorme non-sens, l'homme, que l'indignité d'une soumission forcée à l'arbitraire d'une volonté aveugle, prive de tout ce qui le fait homme, trouve soudain en soi-même une ressource imprévue, tout inexplicable. À elle seule, la volonté héroïque demeurerait impuissante à faire surgir une possibilité de l'abîme où se sont englouties toutes les ressources de la vie.

Cette faculté insoupçonnée révèle le lien profond qui unit le courage à quelque foi inextinguible. La marche raidie de Perken vers les rangs serrés des Moïs, l'attente de Katov dans le silence coupé de gémissements, la distension même de l'espace entre le mur des condamnés à mort et le mur des suppliciés, entre la case bloquée de Grabot et la masse des Moïs à l'affût – figurent cet écartèlement de l'âme, ce paroxysme d'acceptation et de révolte qui aboutit au choix du martyre.

Malraux prête à l'épreuve de la torture une signification quasi-métaphysique. Elle est, aux confins du possible, la « question », au double sens du mot. Le « plus abandonné des hommes », obligé de se réfugier tout entier en lui-même est mis en demeure de faire de sa mort « un acte exalté… la suprême expression d'une vie… ». Sa volonté n'a plus à quoi se prendre, son esprit fasciné contracte la durée en un présent aigu, sans communication avec le futur, sans connexion avec le passé. En cet état, il lui reste à découvrir, à conquérir, sous la menace d'une destruction imminente, les valeurs absolues de l'existence. Dans *Maître et Serviteur*, de Tolstoï, le sens de la fraternité, de l'identité retrouvée sous la dispersion de l'être, ne se dévoile qu'à l'instant où la machine du moi se disloque à l'approche de la mort. Ainsi, dans *La Voie Royale*, Claude connaît auprès de Perken mourant « la poignante fraternité du courage et de la compassion, l'union animale des êtres devant la chair condamnée ». Cette révélation de la minute extrême implique un jugement sur l'authenticité des valeurs universelles à quoi l'homme se réfère dans la réalité commune – une nouvelle évaluation de l'existence. De l'agonie de toutes les libertés concevables naît une liberté essentielle. Elle s'élève du fond de cet enfer d'impuissance, d'humiliation, de terreur qu'est l'attente de la torture. Tout se passe comme si la peur insatiable du tortionnaire, que la suppression de l'objet redouté ne suffit point à calmer, possédait la propriété de renflammer en la créature humiliée quelque suprême fierté. À son sommet, le courage est cette conquête de soi-même, à la face de la mort, qui épuise d'un seul coup les dernières disponibilités de l'être. L'impossible se réalise lorsque la victime, s'élançant où déjà on l'entraîne, échappe inexplicablement à l'oppresseur.

Il reste cependant que ce miracle ne change pas la vie, pour le héros de Malraux, mais la consomme : il est la fin de l'aventure, non son commencement absolu. Perken a beau affirmer : « ce n'est pas pour mourir que je pense à ma mort, c'est pour vivre », déjà il sent le destin mûrir en lui sa mort. La durée humaine ne se heurte ici qu'à sa propre finitude : démasquée mais non surmontée, elle se convertit sous le regard de l'esprit en une durée spectaculaire.

L'œuvre de Malraux est l'une des rares où revive, aujourd'hui, la poésie tragique. Elle recèle ce dynamisme de la catastrophe qui se manifeste, dans la tragédie, par l'enchaînement ordonné des situations violentes qu'ont déclenchées les passions humaines passant outre à la loi commune. L'alternance du plan de l'action, où la volonté ruse avec le hasard meurtrier, et du plan de la conscience où l'événement se transforme en témoignage, ne nuit en rien à l'âpre unité du roman. Si les dialogues lyriques recomposent les éléments du vécu dans une durée plus soutenue, le récit, dramatisé à l'extrême, tend à un resserrement de l'espace et du temps propre au théâtre tragique. Les décors eux-mêmes, la sourde violence de l'éclairage qui prête aux images une netteté orageuse, réduisent la présence du cosmos à une ambiance menaçante. Le geste, l'intonation ides voix, font surgir le site et celui-ci, à son tour, amplifie la résonance de la parole. La nature extérieure est si semblable à la destinée dont elle cerne les contours qu'elle n'en peut plus être détachée. Cette ruelle chinoise, inondée de pluie battante, ce port nocturne sabré de grands traits de lumière sont tout imprégnés de l'angoisse des conspirateurs. Tchen demeure enveloppé, à nos yeux, de la nuit bouillonnante « comme une énorme fumée noire pleine d'étincelles » qu'il contemple après son meurtre; Perken nous paraît d'avance dédié au néant de lumière éblouissante où sa vie achève de se consumer.

La scène où ils paraissent, alors même qu'elle représente une forêt vierge écrasée de chaleur sous l'invisible soleil ou une ville chinoise en état d'insurrection, est reliée à l'univers et déborde le lieu concret auquel est circonscrite l'action. Dans notre souvenir, ces évocations hallucinantes de la Chine révolutionnaire subsistent en tant qu'images d'un lieu spirituel où se jouent à la fois notre propre destin et celui de l'humanité. L'écho du drame qu'elles perpétuent retentit partout sur une terre livrée au tourment originel de la peur, envahie par la sauvagerie enivrée des collectivités, malfaisantes et souffrantes.

Vécue en Asie par l'esprit d'Occident, l'aventure représente la part de chance, d'initiative, d'invention personnelle dans le processus cosmique où se polarisent les forces collectives et les volontés dispersées qui participent à la refonte sanglante de l'univers. C'est à travers l'aventure que le conquérant communique avec l'universel en un soulèvement d'amour et de haine lucide. Mais précisément, parce que cette révolte est une loi organique de son être et vise toujours quelque manifestation concrète de l'ordre existant, elle rejette sans cesse l'homme séparé au monde qu'il nie, l'y maintient dans une situation paradoxale qui exclut aussi bien l'évasion que la soumission. Pour forcer cette impasse, il ne lui reste qu'à donner son entier consentement à l'expérience du chaos. L'indignation contre l'inévitable que la raison juge insensée, voire criminelle, ne fait-elle pas le fond de toute poésie tragique ? Le théâtre grec retentit des lamentations inconsolées du héros devant l'horreur de l'existence dévoilée. Que le principe de cette accusation de la vie soit une exigence vitale de dignité, que la « négation absolue du monde », jaillie d'un gouffre d'humiliation, ne signifie point une négation de pouvoir, Malraux ne cesse de le dire avec force. Le désir de fonder en noblesse l'existence humaine est l'expression même d'une volonté de puissance qui adhère fortement à l'univers qu'elle refuse. Dans le don entier d'eux-mêmes à l'édification d'une réalité moins vile, c'est cette dignité qu'avant tout les personnages de Malraux veulent instaurer et défendre. Pour eux, vivre, semble-t-il, c'est coïncider dans son être avec cette résistance indomptable à tout ce qui sanctionne le donné. L'offense suscite le courage, la fierté, le refus de toute consolation dont leur intime noblesse est faite.

Il y a aussi, dit Perken, quelque chose de... satisfaisant dans « l'écrasement de la vie ». Au regard de la paix que procure l'adhésion inconditionnée au néant, les révoltes du vouloir-être paraissent dérisoires. Les valeurs absolues dont les héros de Malraux se portent caution, auxquelles ils demeurent attachés par toutes leurs fibres – courage, fidélité, dignité – sont comme maintenues, à force d'âme, au-dessus de la tentation de savourer « l'écrasement de la vie ». Tout sentiment capable d'énergie agissante et de continuité dans le jaillissement renvoie à la passion primordiale dont l'essence est de tendre à l'intégrité de l'être, à la parfaite complétude de l'éternité. Consubstantielle à l'existence, cette passion, qui ne connaît ni paix ni trêve en son aspiration illimitée, n'est pourtant pas invulnérable. Dépossédée de son exigence infinie, elle risque de se figer, de s'exténuer et de tarir. Par là même, la possibilité d'échec s'introduit au cœur de la vie, fait partie intégrante de sa définition. Deux issues demeurent ouvertes à la passion blessée, dès lors qu'elle échoue à ressaisir l'être en son indivisibilité originelle et qu'il lui faut « compenser », se rabattre sans délai sur quelque proie : la transcendance créatrice qui transforme l'objet en sujet autonome, et l'immanence du Regret, le retour à l'étroit empire du mythe intérieur, dans la chaude cohésion des sensations. Que ces voies divergentes se coupent maintes fois, les personnages de Malraux l'attestent : leur dimension intérieure est déterminée à la fois par le courage et l'érotisme.

Raidis contre la déchéance et la mort, ils connaissent dans l'érotisme le bonheur de céder à l'obsession intime, le repos de détendre le courage, le soulagement d'atteindre à une sorte d'absolu en allant jusqu'au néant de la sensation. La passion génératrice de mondes, qui, en son élan, se prodigue infiniment à l'objet qu'elle réinvente, anéantit, en son retrait, sa propre création, ravale la fin aux moyens. Le besoin d'humilier succède au besoin d'adorer, le goût de la dérision à celui de la divinisation. Que l'existence se révèle inapte à se surmonter, à se dépasser en quelque œuvre, en quelque dieu, l'érotisme, aussitôt, gagne du terrain. La relation changeante entre deux existants, l'un par l'autre recréés et sans cesse modifiés, fait place à une relation immuable du moi au moi. Sous la véhémence du désir érotique couve le souvenir indistinct d'une liberté perdue, l'espoir déçu d'un impossible accomplissement. Dans l'ébranlement bref et vertigineux de tout l'être que provoque la sensation apprivoisée, exaspérée, cette nostalgie prend fin l'espace d'un instant. Le besoin d'érotisme grandit à proportion de l'imperméabilité de l'homme à la présence d'autrui. Cet « autre », qu'on ne peut accueillir pleinement sans se renier soi-même, est toujours trop proche ou trop lointain : l'érotisme supprime la présence humaine en dépouillant la personne de ses attributs, en « niant sa dignité », et supplée à toute absence en investissant l'imagination d'un pouvoir despotique, en abolissant la réalité au profit du mythe intérieur. « Jamais, jamais, dit Malraux de Perken, il ne trouverait dans la frénésie qui le secouait autre chose que la pire des séparations… On ne possède que ce qu'on aime ».

À y regarder de près, on surprend, chez les personnages de Malraux, un rapport constant, encore que voilé, entre l'érotisme et le courage. En l'un comme en l'autre, la chair est contrainte par l'esprit, soit, qu'il se perde en elle, soit qu'il s'en empare pour se forger un instrument de conquête. Dans les deux cas, il s'agit d'abord de compenser une déception originelle, « d'échapper à la condition humaine ». « L'érotisme, pense Ferral, après s'être fait moquer par Valérie, c'est l'humiliation en soi de la passions blessée, humiliation de l'autre comme réparation illusoire d'une offense intolérable ». « Une idée, de toute évidence », ajoute Ferral, une idée dominatrice, liée aux destins des corps. Ce que le conquérant recherche à la fois dans le courage et l'érotisme, c'est l'occasion d'un contact avec son propre être qui le fasse connaître à lui-même et lui donne la certitude du réel. « Oui, sa volonté de puissance n'atteignait jamais son objet, ne vivait que de le renouveler; mais, n'eût-il de sa vie possédé une seule femme, il avait possédé, il posséderait à travers cette chinoise qui l'attendait, la seule chose dont il fût avide : lui-même ». Car ce contact, il ne l'obtient que par l'entremise d'autrui – et d'une manière essentiellement différente selon que l'érotisme ou le courage le lui procure. Ici, l'homme se rejoint lui-même en franchissant la prison de son unicité, en partageant avec d'autres êtres, au sein du danger affronté en commun, l'hospitalité de l'avenir menacé. Là, au contraire, l'homme se refuse à l'univers et s'enfonce, à travers « l'autre », dans la profonde nuit du passé. Le courage n'a jamais fini de dompter la peur, ni l'érotisme de l'endormir par ses incantations. Ils culminent au plus près de la mort. Entre l'amour de la vie et l'angoisse du temps écoulé, l'un interpose des actes qui modifient la réalité, l'autre des images et des rêves qui en prennent la place : deux façons « d'exister contre la mort ».

Certaines scènes érotiques – raccourcis d'une sobre et sombre puissance – doivent leur intensité au choix sévère du détail révélateur de la vie intransmissible des corps. Quelques lignes suffisent à rendre perceptibles la montée de l'angoisse lucide devant l'infranchissable et l'élan rompu du désir tout ensemble déçu et comblé.

II

Le conquérant de Malraux se sent incapable, organiquement, « de donner à une forme sociale, quelle qu'elle soit, son adhésion ». La répugnance que lui inspirent les arrangements humains, la sécurité qu'ils dispensent et les soumissions qu'ils imposent; est chez lui une disposition congénitale. Tout ce qui apaise l'inquiétude et conseille la résignation lui demeure suspect. Même sa fidélité à la révolution ne saurait l'abuser : il ne nourrit pas la moindre illusion sur la collectivité dont il partage le combat, non la colère ni l'enthousiasme. Ce conducteur hautain reste distinct, distant de l'éternel troupeau : rien n'entame sa solitude au sein des masses qu'il mène à l'assaut. Quand il le souhaiterait, il ne pourrait être dupe des victoires provisoires qui trompent sa faim de domination absolue. « Je sais bien, dit Garine, qu'ils deviendront abjects dès que nous aurons triomphé ensemble… nous avons en commun notre lutte ». La « cause » ne lui fournit qu'un prétexte à l'accomplissement de ses possibilités suprêmes. Ce qui offusque son besoin de grandeur, ce n'est pas l'injustice sociale en tant que telle mais l'indignité de la créature réconciliée avec sa condition. Consumé par l'idée d'une certaine forme de puissance, cet homme profondément étranger à l'âme de la communauté ne se sent vraiment exister qu'en multipliant sa propre vie par celles d'un grand nombre d'êtres, en façonnant le matériel humain dont il formera une foule emportée et soumise. C'est qu'en elle son refus d'acquiescer à l'état de choses présent prend corps et devient une affirmation véhémente. L'exigence d'authenticité qui commande son activité révolutionnaire ne s'étend pas encore à la multitude. Le conquérant ne fait un qu'avec lui-même, avec l'action qui l'enracine dans le réel, dût-elle ne l'exprimer pas tout entier. Dès qu'elle vient à lui manquer, sa force le déserte, sa solitude se vide pour accueillir la mort. Le résultat final ne l'intéresse guère : tout résultat est haïssable qui marque un terme et un accommodement.

Ce dessaisissement momentané de l'esprit en faveur de l'action immédiate n'équivaut nullement, d'ailleurs, à une abdication. Sans cette plongée dans le monde charnel et sanglant de la nécessité, l'esprit ne parviendrait pas à s'emparer de l'objet de sa contemplation ni à conquérir sa responsabilité propre. L'intrépidité désabusée d'un Garine, d'un Kyo, d'un Perken, qui pensent leur aventure au moment où ils la vivent, n'a rien de commun avec la témérité aveugle des meneurs qui incarnent en leur personne la violente convoitise de la masse harcelée par la peur. C'est en homme séparé que l'aventurier de Malraux réagit à l'iniquité fondamentale du statut de l'humanité, qu'il répond inlassablement à l'appel, en lui et hors de lui, d'une vie plus haute. De là que son désaccord avec le présent ne dégénère jamais en un soulèvement de basse rancune. Cela seul le passionne qui est inextinguible dans la passion du ressentiment.

Mais finalement, ces efforts et ces exploits n'aboutissent qu'au « sentiment de la vanité de toute vie, d'une humanité menée par des forces absurdes ». Quelque gêne impalpable – la crainte d'être dupe de Dieu, de faire le jeu de « l'animal adorateur » au fond de soi, de s'aventurer au-delà des confins où veille l'esprit armé – laisse un Garine en présence du rien, de la pure absence au cœur de l'être. « L'absurde retrouve ses droits » et les exerce : il règne. La maladie mortelle de Garine, de Perken, à l'instant même où ils triomphent inespérément, n'a rien de fortuit. « On croit que c'est une chose contre laquelle on lutte, une chose étrangère. Mais non, la maladie, c'est soi, soi-même ». Elle est complice, en eux, de la force inerte qui fait consentir l'existence à sa propre mutilation. Ces conquérants sont vaincus moins par les circonstances adverses que par l'absurde qu'elles incarnent et contre quoi ils se débattent. Au vif de leur orgueil ils sont transpercés par un sentiment d'impuissance fatale. L'esprit se croyait libre dans l'exercice illimité de sa puissance lucide : le voilà contraint de s'incliner devant « l'absurde humain », de l'accepter comme dernière instance, faute d'avoir osé se jeter dans l'absurde de la liberté.

Et cependant, la contemplation de la « vanité de toute vie » contient pour l'esprit un singulier principe d'exaltation. Comme si, en face du non-sens absolu que rien ne rachète, ni ne compense, il découvrait enfin sa véritable destination.

Dans sa puissante évocation d'un univers de violence et de cruauté dont les dieux, avides de sang, exigent sans cesse de nouveaux holocaustes, Malraux nous rend palpables la confusion originelle, le bouillonnement des forces primordiales sous la mince croûte de vie policée. Il met au jour l'inépuisable férocité qui remonte en nous sous l'impulsion de la peur et du désir de vengeance. Dans le transport de l'action qui engage l'essentiel de lui-même, son héros ne distingue plus entre le sacrifice de soi et l'immolation de la victime désignée : il réunit en sa personne le sacrificateur et le martyr. Hong, dans *Les Conquérants*, Tchen, dans *La Condition Humaine*, illustrent ce rajeunissement par la cruauté où se manifeste la continuité de la vie à travers ses métamorphoses. Le meurtre accompli éveille irrésistiblement, chez Tchen, la volonté du martyre. Il lui faut dilater à l'infini le pouvoir qu'il tire de sa décision de mourir en donnant la mort, le transmettre et le perpétuer. Ici, la fascination de la mort n'a plus rien de commun avec l'obsession de la mort, cette perception intime d'un rongement sournois, d'un minutieux travail de dissolution. Elle est une épaisse « extase vers le bas » où l'être s'abîme tout entier en une forte aspiration vers la fin considérée comme la consommation orgiaque de toute durée périssable.

Tchen ne touche à l'absolu de la possession de soi-même qu'au moment de tension excessive où l'entier détachement de soi coïncide avec l'extrême concentration sur l'Idée issue de profondeurs indivises de la chair et de l'esprit. Il a passé outre à l'humain et peut, désormais, souverainement disposer de sa propre personne et de celle d'autrui, les consacrer, selon un rite immémorial, à la mort expiatoire. La vie, soudain, n'a plus rien de glissant, de fuyant, d'indéterminé. Tout ce qui relâche son action et ralentit son dessein, Tchen le rejette au néant. Entre le vouloir et le pouvoir, la distance en lui est supprimée.

Il se voue inexorablement aux divinités souterraines qui l'ont investi d'une mission vengeresse. D'où son aspect inhumain, quasi sacré, et le caractère hiératique de ses gestes meurtriers. Nulle solitude n'égale en densité celle dont il ne sort que pour initier d'autres êtres à sa passion et instituer ainsi une race de châtieurs.

En son essence, le terrorisme est étranger à tout calcul; il tient du cataclysme de la nature. Tôt ou tard, la révolution qu'il prétend servir, et qui a profité de ses exploits, finira par le désavouer. C'est qu'en réalité, ce fléau est la revanche de « la grande nuit primitive », du chaos premier sur le monde organisé, le jugement de la colère, la révolte à l'état pur. La décomposition du sentiment éthique crée un milieu où pullulent les germes de la violence future. Ces hommes qui, de leur propre autorité, s'établissent juges de leurs semblables, proclament, individuellement, la déchéance d'un bien et d'un mal réduits à l'état de simulacres. Le destin semble les avoir désignés pour annoncer, par un débordement destructeur, l'effondrement de toutes les évidences.

Cette recrudescence de la cruauté, dans un monde qui se réenfante lui-même au prix d'indicibles tourments, prépare, amène, rend inévitable la mystérieuse renaissance des martyrs. Ce n'est pas pour ajouter à l'idée « le poids du sang versé » que s'immolent les héros de *La Condition humaine* – encore qu'ils veuillent la lier à un risque absolu, à une responsabilité concrète – c'est pour retrouver, par le sacrifice, la signification authentique de l'existence.

Mais y peuvent-ils réussir ? La révolution s'arrête au seuil du domaine inaccessible où l'homme s'invente une expérience, s'interroge, s'émerveille, répond à l'univers à partir de soi-même. Gisors, sous l'effet de l'angoisse, reconnaît « que la conscience qu'il prend de soi est irréductible à celle qu'il prend d'un autre être, qu'elle ne doit rien aux sens. Et Kyo, enfoncé dans son chagrin, se rend attentif à la voix intérieure qui, avec une égale intensité, martèle opiniâtrement une étrange formule d'affirmation. Incommensurable à toute réalité extérieure, « cette espèce d'affirmation absolue » enveloppe une résistance à l'ordre du cosmos, à la hiérarchie des choses et des êtres établie par la nécessité, à la mesure inflexible du temps. Comment ne serait-elle pas étouffée par les vociférations des « multitudes mortelles » soumises à cet ordre, à cette hiérarchie, à cette mesure? La révolution interdit à l'homme de séjourner dans l'intériorité opprimée où s'élabore la connaissance de soi et se fortifie le courage en face de soi-même. Aussi bien n'est-elle, pour les personnages de Malraux, que la somme des hasards, des risques, des périls, au sein desquels s'élève plus insistant, plus âpre, l'interrogation de l'homme sur l'homme – et non point le principe de rénovation, de régénération totale qu'ils souhaiteraient ardemment qu'elle fût. La sincérité de leur aspiration à une vie rajeunie par l'expérience révolutionnaire n'a d'égale que leur impuissance à fondre leur destin personnel en celui de la collectivité pour laquelle ils combattent. Ils savent que l'exigence d'une liberté inconditionnée – qui n'est que le bond de l'existence par delà elle-même – ne saurait s'accommoder d'une tentative de libération partielle. Efficace contre la misère de tel assujettissement invétéré, vaine, dès lors qu'il y va de la servitude fondamentale attachée à la condition humaine, la révolution a bientôt fait de substituer la finalité du succès à l'infini de la poursuite. Mais quel succès, quelle fortune exorciseront jamais la solitude dernière où l'homme maintient son attente démesurée, son désir insensé contre tout ce qui les limite et les menace ?

Ces conquérants ont beau se vouloir libres et ne vouloir que cela, ils retombent sous le joug qui les délivre d'eux-mêmes en les pliant à une discipline où ils trouvent, non sans dégoût, l'énorme soulagement de l'obéissance sous le couvert du commandement et de l'action. Comment tolérer, autrement, la dégradation de la passion de liberté, fourvoyée dans une aventure qui tournera court, inévitablement, avant d'avoir épuisé toutes ses possibilités ?

> Quand je pense, dit Garine, que toute ma vie j'ai cherché la liberté... Qui donc est libre ici, de l'Internationale, du peuple, de moi, des autres ? C'est une chose que j'ai toujours eue en haine... Ici, qui a servi plus que moi, et mieux ? Pendant des années – des années – j'ai désiré la puissance, jusqu'à l'abrutissement. Je ne sais même pas en envelopper ma vie.

Si, comme on n'en saurait douter, ce désir forcené de grandeur est lui-même, déjà, le signe d'une valeur véritable qu'attestent tant de labeurs et de sacrifices farouchement acceptés, l'aveu de Garine ne met que mieux en lumière l'échec initial. Choisir la révolution *faute de mieux*, pour la seule raison que « tout ce qui n'est pas elle est pire qu'elle », c'est capituler avec soi-même. Tout en se donnant sans réserve à la révolution au nom de laquelle ils exercent le pouvoir, en la servant avec courage, abnégation et loyauté autant qu'avec violence, ruse et cruel acharnement, les personnages de Malraux ne se leurrent pas d'un triomphe qui n'aboutit qu'à un déplacement de la contrainte et de la nécessité. Non qu'à certains moments, ce déplacement ne soit légitime, indispensable même, mais des régions où il s'opère, jamais l'homme ne remonte jusqu'à la source de la nostalgie qui lui fait « chercher toute sa vie » un impossible salut.

Néanmoins, par cela seul qu'elle interdit toute démission devant la réalité, la révolution constitue une victoire éminente sur les instincts de lâcheté. L'effort accompli pour établir une pénétration réciproque entre l'aventure collective et l'aventure personnelle, pour fondre le discontinu de l'histoire dans la continuité intérieure, s'il aboutit à une impasse, n'en fournit pas moins à la pensée un indispensable appoint. Par cette tentative avortée, mais courageusement renouvelée, l'esprit organise son unité, l'oppose au morcellement du fini, le maintient au sein du chaos qui s'épaissit à mesure qu'il s'y avance. La révolution, ainsi, figure l'événement capital qui façonne directement son homme et développe en lui une capacité insoupçonnée d'action et d'émotion strictement adaptée aux exigences de l'immédiat. Aux individus comme aux peuples, elle enseigne d'abord la soif et la faim de tout ce qui les rassasiait. Elle leur indique une voie obscure, hors du malheur où elle-même les plonge et, supprimant brutalement le luxe des complications, leur assigne la tâche de reconstruire à partir de l'élémentaire.

Jusqu'où, cependant, cette volonté de poursuivre le combat primitif de l'homme contre les forces ennemies peut-elle triompher sans se corrompre, sans retomber dans le piège que lui tendent les fatalités qu'elle croit vaincre ? Un Garine – qui a vécu les possibilités prométhéennes de la révolution, qui s'est battu avec ferveur contre un monde veule, et considère son œuvre avec orgueil – lorsqu'il se voit enfin terrassé par la maladie, envahi par le sentiment de l'absurde, ne peut que se cramponner à son moi, dernier refuge. Pour se dégager de soi-même, il faut s'être accompli : la révolution, toujours inachevée, toujours défigurée par l'esprit de lourdeur qu'elle a nargué en vain, n'est ni le lieu ni la voie d'un accomplissement total. De là que le drame de la liberté perdue, chez Malraux, se ramasse tout entier dans la crise intérieure et que cette crise même se résout dans la minute qui précède la torture et la mort, où l'homme est placé devant tout ou rien.

Il existe une indéniable filiation spirituelle entre les conquérants de Malraux et les révoltés de Dostoïevski [1]. Chez les uns et les autres, la passion de l'existence suscite elle-même l'obstacle à quoi elle se mesure pour connaître sa propre force et en éprouver l'élasticité : même puissance de refus et d'orgueil, même oscillation entre les extrêmes du courage et de l'érotisme et par-dessus tout, même goût de l'excès. Non moins que le héros de Dostoïevski, celui de Malraux « sent sa pensée », selon l'expression de Stavroguine, est submergé par cette présence irrésistible qui le prend et le rejette, l'épuise et le comble. La pensée qui s'incarne en sa personne, en sa situation d'homme séparé, il se peut, lui aussi, qu'il n'en fasse, à même la vie, l'application immédiate. Mais l'espace spirituel d'un Garine a une dimension de moins que celui de son prototype. Chez Stavroguine, « le défi orgueilleux du coupable au destin »

1. Ivan Karamazov, Stravroguine, Kirilov.

est ancré dans l'indéracinable connaissance du péché. C'est en s'éveillant du rêve de l'âge d'or où, sur une jeune terre, ruisselante d'allégresse, paraît une humanité ensoleillée, docile sans effort à la pure exhortation de la lumière que soudain, tout inondé encore d'un poignant bonheur, Stavroguine est transpercé par le souvenir qu'il croyait, qu'il voulait aboli, accablé par l'atroce exigence du remords. L'image du petit poing, dressé en une accusation impuissante, condamne « la sublime erreur », l'égarement serein de la nostalgie, obscurcit à jamais la vision de l'innocence.

Dans le monde de Dostoïevski, seule la passion sans limite du repentir peut scruter l'abîme de la cruauté. Dans celui de Malraux, où la notion du péché n'a point de place, le débordement érosif de la violence ne suscite d'abord, à travers l'espace et le temps, que la réponse du mépris héroïque et de l'indignation. Tchen, à la fois sacrificateur et martyr, demeure essentiellement un vengeur, qu'il détruise ou qu'il s'offre : il n'y a pas, il ne saurait y avoir, entre son geste d'exécuteur et son geste d'abnégation, cette distance incommensurable, ni cette subversion qui se produit en Stavroguine à l'instant où il se reconnaît pécheur. C'est dans le secret d'un seul et même être que se touchent, ici, l'excès du repentir et l'excès de la cruauté. De Stavroguine à Garine, le débat a changé de lumière, de durée et de lieu. Le centre de gravité du vouloir-être s'est déplacé : l'interrogation de l'homme sur lui-même ne porte plus, désormais, sur la possibilité jamais évidente, toujours niable, de la foi comme source du réel mais sur les possibilités saisissables du destin comme fondement de la volonté de puissance aux prises avec la réalité. D'où la différence d'attitude des « possédés » et des « conquérants » dans l'athéisme qu'ils ont en commun. Aux uns, l'incapacité d'atteindre la région où la négation de la mort se mue en une certitude de résurrection apparaît comme le péché par excellence; aux autres, qui ne la ressentent point comme une mutilation, elle fournit au contraire un aiguillon, une suprême incitation à vivre.

L'impuissance d'agir, chez les personnages de Dostoïevski, la frénésie d'action, chez les personnages de Malraux, ont, cependant, pour commune origine la carence totale de la raison en présence de l'écroulement des valeurs éthiques. Sur ses assises chancelantes, l'édifice intérieur est tombé en ruine et la raison est impuissante à le restaurer. « Jamais la raison, dit Chatov, citant les paroles de Stavroguine, n'a eu le pouvoir de déterminer le bien ou même de discerner le mal du bien, ne fût-ce qu'approximativement; bien au contraire, elle les a toujours honteusement et pitoyablement confondus l'un avec l'autre ». À travers les décombres de l'éthique, par des voies différentes mais également éloignées de la raison commune, le héros de Dostoïevski et le conquérant de Malraux s'efforcent tous deux de remonter à la source, de creuser jusqu'à l'affirmation originelle de l'être, fût-ce au prix d'un retour au chaos. Cette réponse de première main, Stavroguine, bien qu'il se sache incapable de croire, l'attend uniquement de la foi. Il n'agit que par à-coups, talonné par une curiosité démoniaque aussitôt comblée d'ennui. N'étant plus enracinés dans la foi, ses actes demeurent privés d'efficacité, gratuits, voués à l'absurde par définition. Seul, son « crime » porte le sceau d'une nécessité intérieure, enveloppe un contenu réel. Stavroguine n'est tout présent que dans son péché : partout ailleurs, absent, distrait, le regard tendu vers l'invisible, il ne cesse d'épier un signe, un appel par delà le vide qui l'encercle.

Garine, en revanche, habite résolument un présent sans échappée, une durée sans autre horizon que le néant dont il reconnaît les droits imprescriptibles. Les conquérants ont accepté intégralement l'héritage de Kirilov. La parole de Perken – « je n'aime pas qu'on soit dupe de Dieu » – fait écho à celle de Kirilov : « moi seul, pour la première fois au cours de l'histoire universelle, j'ai refusé d'inventer Dieu ». La nouvelle souveraineté qui est l'attribut de sa déité, Kirilov ne peut encore la manifester qu'en se donnant la mort. Il se tue pour proclamer la déchéance de Dieu et instaurer le règne de l'homme. Cette autorité souveraine, les conquérants, eux aussi, ne l'exerceront pleinement qu'à l'instant où ils se détachent de la vie et de l'action. Si, néanmoins, ils se lient étroitement à l'aventure, c'est qu'elle leur propose une discipline ascétique qui les rapproche du seuil de la suprême rébellion. Grâce à elle, ils auront possédé du monde refondu ce qu'en un combat à outrance ils ont changé en lui. Et certes, tant qu'ils agissent, il leur est loisible de s'identifier à l'œuvre accomplie, de croire qu'ils ne s'en iront pas les mains vides à la rencontre de la mort. Mais à l'heure où le pouvoir de la décision leur est retiré, que subsiste-t-il en eux du changement opéré par la lutte ? Partis à la conquête de leurs passions, ils sont refoulés par elles vers ces ténèbres où leurs victoires ne les suivent plus, où ils cessent « d'être ce qu'ils ont fait ». La sphère croissante de solitude qui se referme sur l'aventurier mourant le sépare à jamais de celle où s'agite Verchovensky, le technicien astucieux et enthousiaste bâtissant de ses mains impures la nouvelle demeure des hommes éternellement asservis.

Sachons gré à Malraux d'avoir pris sans équivoque un parti extrême : il nous fait sentir avec force qu'entre la révolution qui travaille à « la destruction provisoire des rapports de prisonnier à maître » et la foi qui attaque le fondement même de ces rapports, nulle entente n'est possible. En dernière instance, l'*amor fati*, la passion de la fatalité l'emporte toujours, chez Malraux comme chez Nietzsche, sur la passion de liberté dont elle n'est pourtant que le reflux, la puissante retombée. L'insurrection contre le destin s'achève en une apothéose des « forces absurdes » qui ferment au désir d'éternité l'accès de l'avenir et l'infléchissent vers la mort.

Il semble que tout homme possédé du besoin d'absolu soit, à certain point de sa progression, mis en demeure de choisir entre la découverte de soi-même, au-delà de soi, dans la transcendance de la foi et l'accomplissement de soi-même, au plus près de soi, dans d'appropriation de la mort considérée comme la suprême expression d'une vie à quoi elle ressemble tant ». Les héros de *La Condition humaine* n'auront peut-être trouvé dans la révolution qu'une occasion de « mourir le plus haut possible », de faire de leur mort « un acte exalté » où ils se reçoivent eux-mêmes sans partage.

Mais ici, l'auteur se sépare des personnages auxquels il s'était intimement mêlé. Ceux-ci ne peuvent que suivre le chemin abrupt, qui les mène de la décision à la mort. Leur aventure se déroule dans un présent tendu à se rompre. Celle de l'auteur, se développant à la fois sur différents plans de durée, parmi de changeantes perspectives temporelles, aboutit à l'œuvre qu'élabore l'imagination créatrice, entre l'avenir assiégé et le passé perdu. Libérée et de l'érotisme qui l'oblige à ressasser les mêmes thèmes et de la volonté héroïque qui prétend l'asservir à une tâche déterminée, l'imagination, « reine du vrai », comme la nomme Baudelaire, ressaisit le devenir en lui imprimant son propre mouvement. « Apparentée à l'infini », elle traduit l'obsession de l'individu en mythes universels nourris de la plus riche substance des heures. Le passé ne serait qu'un amoncellement d'absurdités et de catastrophes si l'œuvre, mystérieusement accrue par le temps et la mort, plus existante que ne le fut jamais son créateur périssable, ne lui restituait la vie avec le sens. Les civilisations se succèdent, impénétrables en leur essence, dans un univers disjoint. L'œuvre seule, dont l'immortalité est « faite de la mort des hommes », de la ruine des empires à quoi elle survit, des vastes espaces de temps qu'elle a traversés, fonde la continuité humaine. Par son intermédiaire la vie vague de l'humanité se précise et fait irruption dans l'actuel. Que la fidélité à certain modèle de l'homme, due à son intercession, repose essentiellement sur un quiproquo, cela n'en diminue ni la valeur ni la portée. Il suffit que la belle œuvre ait de quoi contraindre la nécessité à s'effacer un instant devant sa propre image délivrée. La servitude, la dépendance, mille chaînes se font l'instrument magique d'une mystérieuse libération. Aux confins de l'existence et de la mort, cette forme à peu près inattaquable, à peu près immortelle, résiste et renaît indéfiniment.

Depuis Kierkegaard, Nietzsche, Rimbaud, le divorce de la volonté de salut avec la poésie règne dans un monde divisé où les forces créatrices de l'homme ne peuvent que se nuire et s'entre-détruire. Mais en dernier lieu, l'œuvre à parfaire, ce mystérieux et puissant absorbant, détourne à son usage les passions contraires qui, tour à tour, jettent le poète dans le tumulte des luttes terrestres et l'en dégagent pour le vouer à la contemplation du spectacle qu'elles composent. Si Malraux n'a pu assouvir que dans l'action révolutionnaire son besoin de dilapider la vie, de la consommer sans mesure, ses romans témoignent du soin qu'il a mis à préserver un inestimable dépôt de sensations, de visions, d'éblouissements. Alors que ses personnages adhèrent étroitement à leur destinée, lui-même s'écarte de la sienne par quelque endroit : son destin ne le résume pas tout entier. Le poète est privilégié au-dessus de ses créatures qui meurent sans avoir été affranchies.

III

Est-ce à dire, encore une fois, que l'aventure n'ait été finalement qu'un refuge destiné à « cacher le reste du monde », une peinture vive sur le néant? L'affirmer serait en méconnaître la signification, confondre « cette harcelante préméditation de l'inconnu » avec un pur abandon au hasard. La résistance acharnée à « la vraie mort » qu'est le consentement « à la vie de poussière des hommes » ne saurait être vaine. Vécue de cette façon-là, et quelle qu'en ait été l'issue, l'aventure laisse, parmi les cendres, un résidu inaltérable : le sens concret, charnel et spirituel à la fois, de la fraternité humaine fondée sur la dignité de l'homme invaincu par le sort. À travers les trois romans de Malraux, on peut voir se former, s'assurer et s'exprimer enfin, avec une amère pureté d'accent, cette virile tendresse. Ce n'est d'abord, dans *Les Conquérants* qu'une solitude partagée au sein du péril, une dure amitié née du besoin de participer à quelque vaste dessein exécuté en commun. « Le plus fort des liens est le combat ». Forte du courage et du dévouement absolus des membres qui la composent, « l'étroite collectivité tragique » fend les masses d'humanité confuse, y trace un profond sillon d'inquiétudes. Dans *La Voie Royale*, cette solidarité guerrière se double d'un attachement sans espoir. Elle devient « cette complicité intense où se heurtent la poignante fraternité du courage et la compassion, l'union animale des êtres devant la chair condamnée » : « amitié de prisonniers » égaux dans l'impuissance totale et la révolte. L'agonie de Perken arrache à Claude un cri de détresse et de haine qui n'est pas indigne de nous rappeler le défi d'Ivan Karamazov dans sa conversation avec Aliocha :

> Combien d'êtres, à cette heure, veillent de semblables corps ? Presque tous ces corps, perdus dans la nuit d'Europe ou le jour d'Asie, écrasés eux-mêmes par la vanité de leur vie, pleins de haine pour ceux qui au matin se réveilleraient, se consolaient avec des dieux. Ah ! Qu'il en existât, pour pouvoir, au prix des peines éternelles, hurler, comme ces chiens, qu'aucune pensée divine, qu'aucune récompense future, que rien ne pouvait justifier la fin d'une existence humaine.

Plus puissant encore, dans *La Condition humaine*, le sentiment de fraternité envahit l'homme tout entier, le soulève silencieusement au-delà de lui-même. L'amour le plus aride

– l'amour du prochain – retrouve dans le dépouillement total sa force et sa vertu. Comme dans *Maître et Serviteur*, de Tolstoï, les menaces de la mort deviennent inopérantes au moment où l'un des deux hommes en danger – cédant à une injonction venue de plus profond que les « postulations de la morale » – réchauffe de son propre cops son compagnon glacé, la fascination de l'épouvante, dans *La Condition humaine*, est rompue par le geste dont Katov partage son cyanure entre deux camarades inconnus. L'aiguillon de la peur s'émousse lorsque, « pris par cette pauvre fraternité sans visage, presque sans vraie voix… qui lui était donnée dans cette obscurité contre le plus grand don qu'il eût jamais fait », tremblant encore d'abandon, il se dénonce lui-même avec « une profonde joie ». Cette infraction à l'universelle loi d'indifférence, cette victoire décisive de la chair sur la chair, de l'âme sur elle-même, fait qu'il existe et subsiste, au-delà de la torture et de la mort, une force qui contrevient à la nature des choses : une force plus forte que la force.

« Il y a, dit Garine, dans *Les Conquérants*, une passion plus profonde que les autres, une passion pour laquelle les objets à conquérir ne sont plus rien. Une passion parfaitement désespérée – un des plus puissants soutiens de la force ». Mais, ici, précisément, cette ferveur sans espoir, qui se nourrit d'elle-même et édicte le geste du partage, ne relève plus de la volonté de puissance. Que la mystérieuse éclosion de la générosité sur un sol calciné par la cruauté – la fraternité retrouvée au plus profond de l'abandon – figure bien le motif central du dernier roman de Malraux, rien ne le prouve mieux que la disparition de la « grande personnalité », du premier rôle. Garine, Perken, tenaient à eux seuls toute la scène et la remplissaient. Dans *La Condition humaine*, ce sont, tour à tour Kyo et Tchen, Katov, Gisors, Clappique, Ferral, qui supportent le poids d'une ardente méditation. L'équipe d'hommes solitaires, en lutte contre tout ce qui cherche la sécurité dans l'ordre établi ou dans l'ordre à établir (contre-révolution ou Internationale), devient le véritable protagoniste du drame. Elle seule – et non ses membres, individuellement – est le dépositaire de l'esprit de vie qui, à certains moments, traverse la révolution. Ce qu'elle a détruit, renouvelé – la profusion d'espoirs qu'elle a fait naître – lui assure une survie refusée à l'individu. Il se forme, ainsi, au sein de « l'étroite collectivité tragique », en dépit de l'athéisme formel, une sensibilité toute religieuse grâce à laquelle les notions de courage, de dignité, de fraternité, acquièrent un contenu réel et deviennent des valeurs d'élan sur quoi se fonde le nouvel effort des hommes.

Plus voilé, plus sourd, plus poignant d'être si proche de l'amertume, le chant de la fraternité surgit des bas-fonds de l'amour piétiné, de « cet amour déchiré ou non » que Kyo et May ont en commun « comme d'autres ont, ensemble, des enfants malades et qui peuvent mourir... ». Il n'y a d'invulnérable, en cette passion, que « la fraternité de la mort », en face de laquelle « la chair reste dérisoire, malgré son emportement ». Le sentiment qui pousse Kyo à « entraîner l'être qu'il aime dans la mort » et induit Katov à sacrifier sa dernière chance d'évasion, ce partage suprême c'est « la forme totale de l'amour, celle qui ne peut pas être dépassée ».

Le psychologique, dit Kierkegaard, est la dernière marche entre l'esthétique et le religieux. C'est bien aux confins de la poésie et de la métaphysique que, chez Malraux, se situe le domaine de l'intériorité. « Cette faculté souffrante, souterraine et révoltée » dont parle Baudelaire – faculté poétique et métaphysique tout ensemble – que Malraux possède au suprême degré, lui a permis d'explorer le labyrinthe des réalités psychologiques et de maîtriser le concret par le double moyen de l'expression et de l'action. De là, l'extrême densité de son œuvre, riche en contrastes, où la vision d'une complexité foisonnante alterne avec l'intuition de l'absolue simplicité du mystère de l'être, où la mythomanie de Clappique, ce « moyen de nier la vie », cette trahison subtile qui volatilise la réalité et la change en pur chatoiement de nuée, est tenue en échec par le *sérieux*, la fidélité à soi-même de Kyo, où le sentiment de l'incommunicabilité, de la séparation absolue des êtres est rédimé, surmonté dans la joie angoissée d'une communion solennelle au sein des ténèbres.

La pensée de Malraux se ressaisit et se recueille à mesure de sa descente dans l'enfer de la nécessité. Son ample oscillation entre l'état d'insurrection et l'état de recueillement la ramène de plus en plus près de son centre – là même où l'angoisse la rend capable d'éternité. Elle vit, cette pensée, de se livrer et de se reprendre au jeu de l'existence, elle se fortifie de ses excès. Le trajet de l'exaltation à l'abdication de la « volonté de déité » est jalonné de luttes, non pas d'abandons. Les conquérants aux mains crispées sur leurs proies vives s'effacent devant les héros aux mains ouvertes faisant avec simplicité le don de plus que leur vie. Douloureusement, l'intelligence, chez Malraux, parvenue à l'extrême de son pouvoir, accède à la reconnaissance de ses limites; comme si l'exercice de la lucidité, loin d'être une activité désintéressée, devenait, au contraire, un témoignage de suprême intérêt, une présence immédiate à tout l'existant, une disponibilité absolue. Cette implication de la pensée dans la souffrance des êtres, cette préséance accordée par la pensée à quelque autre objet qu'elle-même la sauve de son propre néant. Ici encore, c'est le courage qui perce une issue et délie l'homme de « l'angoisse d'être toujours étranger à ce qu'il aime ».

L'irruption de la tendresse dans le plus étroit des cercles de l'enfer y fait une brèche irréparable. Cette pure faiblesse, plus puissante que la force, jette un ample silence sur les tumultes de la haine qui déchire l'univers. Mais il fallait, auparavant, que Malraux descendît, et nous fît descendre, jusqu'au tréfonds de l'humiliation que l'homme peut infliger à l'homme, parvînt à cette « négation absolue du monde qu'elle engendre ». Douleur de Kyo blessé par May, fureur de Ferral bafoué par Valérie, écrasement d'Hemmelrich sous son destin de misère, détresse de Kyo incarcéré, « se débattant de toute sa pensée contre l'ignominie humaine », toutes ces plaintes se répercutent à l'infini et se rejoignent en une vaste, irrépressible protestation. La sordide laideur de la situation fermée, l'atroce abjection de la créature traquée, Malraux nous interdit de les ignorer et, au moyen de son art aigu, nous en impose le spectacle jusqu'à la hantise. D'autant plus bouleversante, par contraste, la déchirante apparition de la bonté, d'autant plus mystérieuse, au plus fort de la révolte, de la haine et du dégoût, cette confiance de l'homme en l'homme, cette consolation voisine de la mort.

Le don de l'écriture polyphonique va de pair, chez Malraux, avec le sens de l'universel, avec l'intelligence des rapports qui unissent les révolutions des passions humaines à l'éternel recommencement du monde. Au thème de la contemplation, l'abrupte mélodie de la terre fournit un contrepoint. Un chant désolé, comme suspendu à l'inexprimable, survole le vacarme des voix furieuses. Il s'opère un échange de rythmes entre la multitude tourmentée qui transforme en événement la pression d'une volonté dominatrice et l'animateur lucide qui transmue en connaissance de soi la lutte contre des fatalités. La situation tragique des militants communistes coincés entre le Kuomintang et l'Internationale, éclaire et prolonge le débat du conquérant pris entre sa fidélité à la discipline choisie et sa vocation d'insurgé.

Malraux est le seul écrivain de sa génération qui ait osé s'attaquer à l'épopée de notre temps et n'ait pas manqué de souffle dans cette entreprise. Peu importe, après cela, que sa fresque de la révolution soit peinte sur les murs d'une cellule, que le lyrisme ait envahi l'épopée, peu importe que les foules révolutionnaires y paraissent à peine et ne manifestent leur présence que par leur furieuse docilité à des annonciateurs intrépides dont le moins qu'on puisse dire est qu'ils ne ressemblent guère aux meneurs d'aujourd'hui. Cette marge d'arbitraire entre la représentation et la réalité n'altère ni l'authenticité du récit historique, ni la vérité essentielle de la fiction : au contraire, elle permet à l'esprit dérouté d'aborder le monde du chaos, d'y reconnaître, parmi les clameurs du présent, le gémissement de l'homme assailli par la houle des souffrances millénaires. Les romans de Malraux nous proposent une nouvelle image de l'homme seul retrouvant, à la faveur d'une rébellion commune, le sens mythique et religieux de la participation à l'humain. Ils nous dévoilent, à une profondeur inaccessible aux contraintes sociales, le besoin primordial de communication qui noue, au cœur même du concret, la vie séparée à la vie collective. Cette solitude de combat, encerclée mais non submergée par des flots d'humanité, telle qu'ici elle est évoquée, devient le seul point stable dams notre désordre et notre délire. Tout ce qui subsiste d'intact, de pur, de non-contaminé dans l'âme individuelle s'y retire pour s'y fortifier.

Il n'aura manqué jusqu'ici aux personnages de Malraux, pour délivrer pleinement leur message, que cette souveraine indépendance par rapport à l'auteur, cette absolue autonomie qui les situeraient dans une vie plus vraie, plus consistante que la nôtre. Ce n'est pas sans effort que Malraux se déprend peu à peu de son moi, s'efface devant ses héros et s'efforce de les soustraire à l'emprise de sa personnalité. Des *Conquérants* à *La Condition humaine*, la distance parcourue mesure le détachement de soi-même auquel l'œuvre, non moins que la vie, à contraint le poète. Le pénible dépouillement de l'esprit créateur, s'arrachant perpétuellement à ce qu'il étreint pour multiplier ses contacts avec le monde, affranchit le moi de ses idoles. Insensiblement, le culte de la fatalité fait place à l'adoration d'une éternité vivante où se fondent les fatalités individuelles dans la joie d'un sacrifice exempt d'orgueil. À travers l'épreuve, le héros de Malraux entrevoit la bouleversante possibilité d'une transfiguration de la volonté de puissance. L'enthousiasme qui le submerge à l'instant où il découvre que « l'homme passe infiniment l'homme » dans le don de soi ne ressemble plus guère à « l'exaltation qui sort de l'absurdité de la vie » : il illumine l'existence jusqu'en ses épaisseurs de désolation. « Comme une épave tirée de profondeurs aussi lointaines que celle de l'obscurité », la joie a surgi de l'immensité du tourment [1].

Que le Conquérant, l'Aventurier, le Militant représentent trois aspects successifs de la même figure humaine et correspondent aux étapes d'une évolution intérieure encore inachevée, on n'en saurait douter. Aussi n'est-ce nullement un hasard si l'amour, tout absent des premiers romans de Malraux, n'apparaît que dans *La Condition humaine*. La fiction suit fidèlement, ici, la ligne de sommet d'une existence comprise entre la solitude emmurée de la volonté de puissance et la solitude partagée de la fraternité devant la mort.

Il se trouve que la France « bourgeoise » a donné à la révolution le seul poète authentique dont elle puisse s'enorgueillir. Bien plus, ce sont précisément des qualités spécifiques d'artiste français racé qui permettent à Malraux d'affronter ce sujet écrasant. Le don d'entrer d'emblée dans le plein sentiment et d'en retrouver le fond permanent, la capacité de dessiner par la parole le mouvement d'une pensée pénétrée

1. De là que l'œuvre de Malraux, si destructrice en apparence, n'a rien de déprimant. À tout moment, le vent du large, tonique et salubre, pénètre avec violence dans ces espaces fermés.

de lyrisme, l'accent même du « discours sur les passions », qu'interrompt une plainte amère comme involontairement proférée, relient Malraux à la double lignée de poètes et de moralistes qui, joignant le pouvoir de l'expression à l'intelligence psychologique du concret, n'ont cessé de reprendre, de perfectionner ce discours, de l'incorporer à une action, dans le drame, le poème ou le roman. Héritier de cette tradition toujours vivace, l'auteur de *La Condition humaine* s'est révélé apte à saisir autre chose que le côté extérieur et caduc du phénomène révolutionnaire : il a su peindre la lutte intestine des puissances de l'âme qui le préfigure.

Pour coordonner sa vision constructrice de grand imaginatif à sa passion de lucidité psychologique, Malraux est contraint de résoudre à nouveau, en chacune de ses œuvres, le problème de la composition : son architecture thématique devient de plus en plus libre et aérée. Tout au long de *La Condition humaine*, le dynamisme de la méditation et le dynamisme de l'action se conditionnent réciproquement et se relaient. Le rythme des éclatements successifs de la catastrophe eût risqué de se perdre en un enchaînement indistinct sans les pauses où la réflexion tient le devenir en suspens et poursuit sa mélodie dans le silence de l'universelle menace. Ces interludes lyriques rattachent les uns aux autres les épisodes de l'insurrection – l'unité de l'œuvre ainsi conçue étant faite de l'indéfinissable correspondance entre le ton des dialogues et l'allure du récit.

Par le défaut de la volonté héroïque, la musique prend possession de ces âmes tendues, et soudain, l'existence, soulevée comme une lame de fond par un souffle invisible, se dresse bien au-dessus du niveau des luttes qui l'épuisent. Plus farouche la volonté d'affronter sans faiblir – de n'oublier pas un instant – ce que la réalité a d'atroce, d'injustifiable à jamais, plus immédiate, plus actuelle la présence de la musique. À son appel, le passé submergé livre le trésor méconnaissable du vécu et le présent, reconstruit selon un nouvel ordre, s'ouvre à l'avenir par delà l'inévitable faillite, dans le pressentiment d'une communion infinie avec la vie, avec la mort. Tout à la volonté de combattre pour ce qui aura été « chargé du sens le plus fort et du plus grand espoir », le héros de Malraux peut craindre qu'en déliant son être raidi dans la révolte et la défiance, la musique n'étouffe sa revendication. Mais en vain, elle est la plus forte. Dès lors qu'il accepte le dépouillement final qui donne un sens à son échec et incline son esprit devant « le cœur viril des hommes », une paix saturée d'affliction forme en lui un silence où s'engouffre la musique. D'un seul jet, la mélodie de Kama s'arrache à la terre du meurtre, de la folie, de la torture, perpétuant à travers ses propres espaces la résonance du cri originel.

Je ne sais si Malraux a rien écrit de plus parfait et de plus pur que l'épilogue de *La Condition Humaine*. Le poème de la Descente aux enfers de la nécessité se termine par un essor dans la rayonnante immensité du désespoir. La promesse de l'Être est rompue : d'insubstantiels mondes de contemplation surgissent et glissent au néant. Du soir irradié de lumière, l'éternité coule sur toutes choses mortelles. À la cime de l'angoisse palpite la sérénité, et de l'ombre accrue naît enfin la musique. Au-delà des paroles et des actes, elle seule peut parler de la vie, elle seule, dit Gisors, peut parler de la mort. En ce dernier dialogue, les thèmes entrelacés du vaste poème résonnent une dernière fois avec une inexorable tendresse et vibrent à l'infini.

Tandis que le vieux Gisors, « libéré de tout, même d'être homme », voit la douleur humaine se résorber « dans la lumière comme la musique dans la nuit silencieuse », May s'apprête au départ et, sans le savoir, à l'éternel recommencement de la vie. Une tâche lui est proposée, et, malgré tout, un espoir. Car au plus profond de soi, l'homme « est espoir comme il est angoisse, espoir de rien, attente ».

NOTES SUR GABRIEL MARCEL[1]

I

«Le métaphysicien, dit Gabriel Marcel, est comparable à un malade qui cherche sa position». Cette comparaison, n'hésitons pas d'y voir une définition de la métaphysique elle-même. D'emblée, la voici placée dans une situation dont l'urgence lui interdit tout délai. Il n'est plus temps de déduire, de quelque concept assez vaste, une explication exhaustive du Tout, ni de parachever, à l'aide de dialectiques appropriées, la technique de la médiation universelle. La métaphysique n'a plus pour tâche, désormais, de justifier la validité du réel mais, au contraire, d'examiner la validité des problèmes qu'elle se pose au sujet du réel. Gabriel Marcel nous parle à la première personne : il y va de lui-même. Ici, le problème de l'être est le

1. *Journal métaphysique 1913-1923*, «Bibliothèque des idées», Paris, N.R.F., 1927; *Position et approche concrètes du mystère ontologique*, à la suite de *Le monde cassé*, Paris, Desclée de Brouwer, 1933; *Être et avoir*, «Philosophie de l'Esprit», Paris, Aubier-Montaigne, 1935.

problème d'une guérison. Une fois de plus, mais de façon nouvelle, la philosophie fait retour à l'homme.

Mais qu'a-t-elle choisi pour point de départ et fondement de sa recherche ? Est-ce le sujet pensant qui, en fait de réalité absolue, ne retient que des évidences dernières qu'il tire de lui-même ? Non pas – c'est le sujet existant muni d'une indéfectible assurance concernant son propre être. L'individu concret, harcelé dans sa durée, évince le moi pur qui, retranché hors du temps, a tout loisir de se transformer en pure possibilité de lui-même. Loin de vouloir reconstruire le réel sur le fondement absolu d'une évidence apodictique, cette philosophie prétend, au contraire, se laisser construire par le réel dont elle se reconnaît toute dépendante. L'existence, pour Gabriel Marcel, n'est rien qui puisse être saisi dans une aperception transcendante ou suspendu par la pensée dans l'attente d'une justification. Elle constitue, à ses yeux, la donnée première « par rapport à laquelle la pensée est hors d'état de prendre le recul nécessaire pour qu'elle cesse d'être *donnée* et paraisse engendrée ou construite »[1]. Source inépuisable de représentations fuyantes, contradictoires, elle ne devient que peu à peu, pour la conscience qu'elle façonne à travers d'incessantes fluctuations, l'objet d'un investissement progressif et jamais achevé. L'immédiat existentiel – parce qu'il fait corps avec la durée de l'existant – ne s'impose pas *nécessairement* à l'esprit, soit que celui-ci le reconnaisse dans une éclaircie ou le dévoile au cours d'une lente maturation. La certitude qui précède et

1. *Journal Métaphysique*, p. 309.

guide la pensée demeure une perpétuelle victoire sur un doute toujours présent, ou du moins toujours possible.

Comment donc, sur une assise aussi fragile, bâtir une philosophie qui, même dépouillée de toute préoccupation purement théorique ait cependant pour objet une description et une interprétation, à travers des contenus de pensée, de l'existence humaine dans son rapport à l'être? Comment rattacher un discours cohérent à ce cri indéfiniment répercuté dans la nuit: « J'existe » ? Pour y parvenir, la phénoménologie existentielle, sous la responsabilité d'un Gabriel Marcel, d'un Heidegger, d'un Jaspers, opère insidieusement une manœuvre qui lui rend la terre ferme : l'existant s'efface et cède la place à l'Existence. C'est elle qui, dorénavant, tiendra toute la scène et deviendra le principal personnage du drame métaphysique. Et pourtant, semble-t-il, ce n'est pas sans une sorte de malaise que Gabriel Marcel effectue cette substitution, où sa philosophie trouve le support qu'elle requiert. De là cet anxieux va-et-vient de sa pensée entre les catégories abstraites où se définit l'existence-en-général et les catégories concrètes où s'affirme l'existant. Poser la priorité de l'existence par rapport à la connaissance, comme l'a fait Gabriel Marcel, n'était-ce pas assigner à la recherche métaphysique la tâche de s'assurer de l'être dans des conditions d'insécurité totale, refuser d'identifier le réel avec le valable ? La pensée ne pouvait s'engager à fond dans cette voie qu'elle ne fît sauter les médiations qui ont pour but d'établir une liaison rationnelle entre le plan de l'existence et le plan de l'objectivité. Si, néanmoins, Gabriel Marcel s'arrête à une médiation, c'est peut-être que la philosophie, étant ce qu'elle est, ne lui laissait pas d'autre issue...

L'homme, semble-t-il, ne s'interroge que sous l'empire d'une contrainte qui l'oblige à prendre conscience de sa condition d'existant. Mais à cette extrémité, il ne se tient plus satisfait d'une réponse dont l'universalité abstraite émousse le tranchant de la question. Pour que lui soit restituée l'unité concrète, perdue dans le morcellement de l'expérience en mondes indépendants, il importe qu'il en retrouve la source en lui-même – qu'il puisse sentir son être et penser l'être sans se diviser. Réduite à ses propres ressources, la raison ne réussit qu'à organiser successivement les diverses régions de l'être qui se disputent l'hégémonie et à construire un Tout à partir de l'une d'elles : de fait, elle se montre incapable d'appréhender l'unité sous une autre forme que celle d'une totalité abstraite ou d'une juxtaposition arbitraire. Mais cet incoercible besoin d'étreindre le Tout – à la fois dans une possession et un don absolus – n'est-il pas, en l'homme, l'unique passage entre ces mondes autonomes, le seul pont qui les relie? Qu'il cède à la puissante sollicitation de l'univers objectif et destitue l'existence de sa réalité propre en la réduisant à un ensemble cohérent de structures, ou que, s'éveillant à lui-même, il tire sur les chaînes des déterminations causales qui le rivent au détail de l'extériorité – inévitablement les frontières de l'indubitable se déplacent. Toute connaissance a ainsi pour tremplin quelque méconnaissance fondamentale. « La pensée en général, écrit Gabriel Marcel, ne possède aucun caractère, aucun privilège intrinsèque qui la sauve de la contradiction ». Quelque réponse que l'homme se donne au problème de l'être, elle enveloppe donc nécessairement une partialité. De cette situation, Gabriel Marcel accepte tous les risques : « Si la négation de l'existence est un décret, nous optons donc pour le décret inverse et n'hésitons pas à déclarer que l'existence est d'après nous indubitable »[1]. Retenons cet aveu : au seuil de la contemplation métaphysique, Gabriel Marcel pose une volonté d'affirmation, un *oui* – et ne s'en cache pas.

Non moins qu'à l'ontologie formelle qui, pour protéger la pensée du chaos, substitue la légalité d'un ordre apriorique à l'arbitraire du fait pur et simple en identifiant l'Être au Logos, c'est à son obscure alliée, l'ontologie du sens commun, que s'en prend une philosophie décidée à faire usage de « l'indice existentiel ». Elle ne se constitue qu'en se dégageant de l'expérience commune où les phénomènes de l'univers objectif, agglutinés dans l'insignifiance, se contaminent réciproquement. De tout son pouvoir, elle repousse le contrôle du sens commun sur la vie et les actes de la conscience, et rejette des certitudes qui m'expriment que l'assurance de se retrouver dans le monde, de s'orienter dans l'immédiat quotidien. Ce qu'elle choisit de l'expérience humaine pour en faire son étude, c'est précisément le résidu inassimilable que les disciplines objectives éliminent comme négligeable et que l'interprétation subjective, obscurcie par l'affectivité, laisse échapper ou dénature. Mais il faut bien voir qu'en refusant d'appliquer à l'existentiel et les critères de la connaissance théorique et les normes de la raison commune, c'est la possibilité même de se soumettre à une vérification ou à une démonstration que cette philosophie met en cause du même coup. Dans ses descriptions et ses analyses, Gabriel Marcel se réfère

1. *Journal Métaphysique*, p. 312.

et nous renvoie uniquement au sentiment immédiat de l'irréductible, tel que seul un contact vécu peut nous l'avoir donné. Il ne propose et n'accepte, pour toute vérification, *qu'un rappel en nous-mêmes d'événements intérieurs* où la présence de cet irréductible nous fut révélée.

«L'existant, insiste Gabriel Marcel, a pour caractère essentiel d'occuper par rapport à la pensée une position irréductible à celle qui est impliquée dans le fait de l'objectivité»[1]. Est-ce à dire que l'existence, si elle ne se laisse ni caractériser, ni spécifier, doive être considérée comme radicalement inconnaissable? Il n'en est rien, et Gabriel Marcel a soin de dénoncer certain agnosticisme qui n'assimile l'existence à l'inintelligible que pour mieux en éluder les problèmes. Ses analyses témoignent d'ailleurs d'un effort sans cesse renouvelé pour cerner l'existence dans son indétermination même, riche de toutes déterminations possibles, et jeter les fondements d'une connaissance ontologique concrète qui ne se voudrait ni obligatoire pour chacun, ni valable une fois pour toutes. Là où les critères font défaut, il se pourrait qu'il y eût des indices, et le rapprochement de ces indices, la recherche de ces vestiges, constituent déjà un amorçage, une avance réelle. La pensée, ici, prend appui sur ce qu'elle refuse et ne progresse qu'en se dépouillant de son absolutisme au profit de son objet. Si, en effet, «l'existence du soi est liée à l'impossibilité d'une connaissance intégrale du soi»[2], la condition première de toute prise de conscience ne saurait être que la reconnaissance de cette «donnée opaque», de cette

1. *Journal Métaphysique*, p. 316.
2. *Être et Avoir*, p. 227.

cloison entre l'Être et le Connaître. « Mais la reconnaissance d'un irréductible, ajoute Gabriel Marcel, constitue déjà, sur le plan philosophique, une démarche extrêmement importante et qui peut même transformer en quelque manière la conscience qui l'effectue »[1]. Il n'est pas de spéculation existentielle sans cette illumination, sans cet élargissement de la conscience au contact de ce qui lui résiste absolument. D'une certaine façon, la pensée ne se porte pas vers l'existence mais revient sur elle, en même temps que sur soi, du fond de l'expérience. Et c'est en se heurtant à ses propres limites qu'elle s'ouvre « un au-delà dans lequel l'irréductible ne se résorbe point ». Loin d'être plaqué du dehors sur la réalité existentielle comme une réalité d'une autre texture, cet au-delà se confond avec le mouvement de transcendance que la pensée esquisse sous la pression et la poussée de la nécessité, au moment même qu'elle se reconnaît impuissante, emmurée dans le fini. « Je pense, dit Gabriel Marcel (et nous sommes sûrs de nous trouver ici au cœur de sa philosophie) que la double existence de cet irréductible et de cet au-delà tend justement à définir la condition métaphysique de l'homme »[2].

Mais où la pensée puise-t-elle l'énergie qui la fait constamment dépasser le but qu'elle s'assigne dans la recherche du vrai, où l'inquiétude qui la tient en haleine et l'empêche de se repaître des connaissances acquises et des vérités conçues dont elle a le pouvoir de reproduire à son gré les conditions et les données ? D'où vient qu'il ne lui suffit pas de se conformer de loin à son objet mais qu'il lui faut sans cesse inventer de

1. *Ibid.*
2. *Ibid.*

nouveaux moyens de se rendre *présente* la chose elle-même et de la *présenter* dans son irrécusable identité ? C'est en cette exigence de présence effective – cela par quoi la pensée est déjà autre chose qu'elle-même – que Gabriel Marcel reconnaît « l'immanence de la pensée à l'être, c'est-à-dire et du même coup, la transcendance de l'être à la pensée »[1]. Toute connaissance présupposerait ainsi un mode de participation immédiate, une faculté de communion réelle dont le siège dans l'homme serait le « sentir fondamental ». La lucidité métaphysique apparaît, dès lors, comme le fruit d'une intimité complexe de la pensée et du sentir qui rompt l'aveuglement dont la raison et l'affectivité sont également frappées. Mais s'il en est ainsi, le rôle de la sensation ne peut plus se borner à une simple « signalisation » de l'objet, à « une communication entre des postes distincts ». Originellement, la sensation a de quoi transcender la pure objectivité : non seulement elle me renseigne sur l'existant mais elle me le révèle en me révélant à moi-même, en me faisant participer « à un univers qui en m'affectant me crée ». C'est à travers la sensibilité qui soutient l'édifice de la conscience que la pensée communique – non pas d'une manière constante mais chaque fois à nouveau, de façon insolite – avec l'être des choses qu'elle découvre.

On ne saurait trop insister sur l'importance cruciale de l'idée d'incarnation dans la philosophie de Gabriel Marcel : « l'incarnation… situation d'un être qui s'apparaît comme lié à son corps… donnée centrale de la métaphysique ». Si toute philosophie commence par se donner, dans le dépouillement

1. *Être et Avoir*, p. 49.

absolu, un indubitable qu'elle retrouve au terme de son effort, elle ne progresse et ne rayonne qu'en s'attaquant à une difficulté concrète qui lui sert, en quelque sorte, de champ d'épreuve où elle mesure ses forces de résistance et d'expansion. Au cours du conflit où les exigences logiques de la pensée se heurtent à quelque irréductible réalité psychologique, la philosophie, qui d'abord se constitue en système d'explication, se transforme, qu'elle le veuille ou non, en système d'*expression* dont l'objet est l'expérience humaine dans sa totalité. Cette difficulté centrale, Gabriel Marcel la découvre dans la relation du moi au corps, dans « l'espèce d'empiètement irrésistible de mon corps sur moi qui est à la base de ma condition d'homme et de créature ». « Zone frontière entre l'être et l'avoir », la corporéité est le lieu des échanges et des métamorphoses, le carrefour où se croisent les voies de la durée humaine. Tout incommensurables qu'ils demeurent l'un à l'autre, la conscience et le corps ne sont point isolables sur le plan existentiel et ne s'opposent nullement comme l'esprit et la matière. Par-delà tout malentendu, ils se rejoignent profondément dans l'acte créateur qui mobilise toutes leurs ressources. Leur mésintelligence autant que leur complicité fait l'enchevêtrement de leurs liens. Gabriel Marcel, précisément, a choisi de prendre, pour point de départ, cette situation indéchiffrable qui le jette au mur de la difficulté. Ce qu'il nous dévoile, c'est la façon dont la conscience et le corps s'envoûtent réciproquement, sont à la merci l'un de l'autre – c'est l'entrecroisement de leurs sphères dans le mystère de l'incarnation.

Ce corps qui, à la fois, m'expose à mon ambiance et me donne prise sur elle, il est moi-même plus qu'il n'est mien : il me trahit autant qu'il me révèle. Ce n'est que dans la mesure où je *suis* un corps doué du privilège de sentir et capable de « médiation absolue » que mon avoir se transforme en pouvoir, ma connaissance en être. Et inversement, c'est grâce à mon corps que l'attention à moi-même se change en intention dirigée sur l'univers. En retrouvant au moyen d'une analyse plus sincère l'unité que les analyses idéaliste et matérialiste avaient rompue, Gabriel Marcel a sorti de l'ornière le problème des rapports de l'âme et du corps. Dans sa métaphysique, le corps apparaît d'une part comme la citadelle de l'avoir, le centre autour duquel se groupent les acquisitions permanentes qui constituent le monde familier – limite, obstacle, servitude. Mais, d'autre part, « en vertu des raisons mystérieuses qui font que ce corps est au moins à quelque degré continuellement senti », il se présente comme le médiateur absolu, résonateur de l'être – et en tant que tel, digne de créance, générateur de vérité. Fondamentalement le corps ne ment pas, il reste incorruptible. Si je ne puis traiter mon corps comme un objet « sans m'exiler à l'infini », c'est qu'il ne m'est pas seulement fatalité – et la moins surmontable – mais aussi délivrance : « une mystérieuse façon d'être donné à soi-même » et à autrui. Sous les remous de l'affectivité, le sentir abyssal relie à elle-même l'existence désunie.

Il serait faux, pourtant, d'interpréter cet « *a priori* individuel de la sensibilité pure » comme une tendance à poser le primat de la subjectivité. Le rôle de la sensibilité, pour Gabriel Marcel, est au contraire d'ouvrir l'existence à la transcendance, de lui conférer un infini pouvoir d'appel et d'accueil. À certaines minutes de stupeur où nous frappe l'étrangeté d'exister, le sentiment de l'impossible éveille la conscience à la présence de l'être. Dans ces trous de durée, *je m'avise que je suis*, et toute chose me semble d'autant plus réelle qu'elle m'apparaît nimbée d'irréalité. Dans la mesure même où la sensibilité libère la pensée de la fascination de l'avoir, elle l'enrichit de nouvelles formes d'être, de tout l'improbable du réel.

Ce que la sensibilité me révèle de l'essence de mon être, je ne puis le définir valablement ni l'identifier à quelque substrat permanent de mes propriétés essentielles. À tout instant, la révélation risque de s'obscurcir et de se changer en rien. Capacité de vision et capacité d'être, ici, ne font qu'un : même détaché et délivré, le contemplateur tient par la fibre la plus intime à l'acteur qui pâtit. Que cette découverte de l'unique échoue à susciter le jeu des facultés créatrices, qu'elle tourne en délectation de l'unicité pure, et aussitôt elle n'est plus qu'obsession et hantise du moi pris à son propre piège.

Entre ce « lui » inventoriable que j'exhibe dans la réalité quotidienne et ce « moi » étouffant que je traîne dans le secret de mon intimité, il subsiste jusqu'au sein de l'acte qui les rassemble, un vide que seul un « Toi » comblerait. Ce « Toi » en qui s'achève la relation de soi à soi-même – et qu'à aucun moment je ne puis traiter comme tiers sans le nier et me renier – Gabriel Marcel le nomme Dieu. Toute parole que je profère sur le « Toi absolu », toute image que je m'en forme, doit fatalement se révéler inadéquate et mensongère puisqu'il m'est impossible de caractériser du dehors – sans le dénaturer – le rapport que je noue avec Dieu dans l'indivisible solitude de mon être. Ainsi que l'affirme Léon Chestov, « on ne peut pas dire de Dieu qu'il existe, car en disant *Dieu existe*, on le perd immédiatement ». D'où l'étrange aveu de Gabriel Marcel, si déconcertant de vérité : « je ne sais pas ce que je crois » [1] – aveu qui, dans une échappée, laisse entrevoir que la conscience n'est nullement égale à elle-même ni à tout ce qu'elle s'efforce ou réussit d'embrasser. D'aucune façon, elle n'apparaît fondée à se poser comme absolue – apte à fournir un point de repère qui permette de distinguer la transcendance réelle du caprice, des dispositions subjectives. Au risque « d'enfermer Dieu dans le cercle de ses relations avec moi », je pourrai et je devrai lui refuser le droit de décider de ma croyance ou de mon incroyance.

La métaphysique va-t-elle donc renoncer à penser, à élucider, à définir – fût-ce négativement – le rapport de l'homme à Dieu dès lors qu'elle se reconnaît incapable d'en incorporer le vrai sens dans le discours où elle s'exprime ? En quelle mesure la trahison et la falsification peuvent-elles sembler légitimes, ici, justifiées en quelque sorte par l'effort que la pensée accomplit pour dépasser la connaissance dans la connaissance même ? Ce harcelant problème, Gabriel Marcel le retrouvera tout au long de sa route. En vain il aura établi, d'accord avec la raison, qu'en réalité la question « Dieu est-il sans moi » est dépourvue de sens et n'atteint pas l'objet qu'elle vise parce qu'elle transforme préalablement le « Toi » en tiers. Si cette affirmation n'émane de la relation *actuelle* du croyant à Dieu, elle demeure inefficace et rejoint sur un plan purement formel le problème qu'elle nie. La vérité évanouissante se

1. Je ne sais si Gabriel Marcel a tiré lui-même toutes les conséquences de cet aveu.

dérobe aussitôt que se dénoue la complicité de la pensée et du sentir au sein d'une situation à la fois imposée et demandée à l'être tout entier – « situation métaphysique fondamentale dont il ne suffit pas de dire qu'elle est mienne car elle consiste essentiellement à être moi » [1]. C'est dans cette situation même que la révélation sensible a le pouvoir de nous replonger. Mais dépourvue comme elle l'est de tout caractère d'évidence contraignante, cette révélation laisse planer sur le choix qu'elle emporte le soupçon et la peur d'avoir été dupe de soi-même. « Fait objectif ou disposition intérieure ? Tout cela ou rien que ceci ? ». « Chaque fois que je le retrouve, avoue Gabriel Marcel, j'ai le même sentiment de montagne à soulever ». C'est pourtant cette oscillation impuissante entre les pôles opposés de l'être qui détermine la tension métaphysique de sa pensée. De sa lutte avec le dilemme, la philosophie de Gabriel Marcel, qui n'a pas de témoin plus lucide qu'elle-même, accepte de sortir vaincue. Elle ne feint pas d'ignorer les contradictions qui hérissent le seuil du réel : là est son courage et sa vertu.

En serrant les choses de plus près, la question qui se pose est celle de l'adaptation de la métaphysique à un objet tel que la révélation. Si l'existence n'est perçue de façon immédiate que dans un dévoilement où la volonté humaine a peu de part et qui ne constitue en rien une pure opération de l'esprit, quelle valeur – et partant, quelle confiance – la métaphysique accordera-t-elle à une perception qui, par avance, la dépossède et déprécie ses instruments de connaissance ? Le plus souvent,

1. *Être et Avoir*, p. 24.

la spéculation métaphysique n'aborde le mystère de l'être que dans l'intention, ou l'espoir, de le transformer en objet de pensée et de lui substituer au plus vite une *logique de l'être* dont la raison puisse s'emparer. Mais de quels moyens dispose-t-elle pour se mesurer avec un mystère dont l'essence même est de ne pouvoir se dissiper sans que s'évanouisse du même coup l'être qu'il enveloppe ? Or, la révélation, précisément, demeure liée à la présence du mystère comme l'expérience à celle de l'obstacle. La clairvoyance qu'elle engendre se situe par-delà les mots et les démarches qui l'expriment et ne se laisse pas convertir en lucide possession de soi dans la durée finie. Toute tentative de main-mise sur le contenu de la révélation est fatalement vouée à l'échec, ainsi qu'en témoigne l'inévitable retour à l'opacité naturelle un instant suspendue. Aussi bien, l'expérience qui cherche, prévoit, organise un équilibre valable entre un vouloir sans frein et un pouvoir limité par des résistances de tout ordre, n'a que faire d'une clairvoyance inutilisable dans le domaine où elle règne – où s'édifient et se défont les valeurs, où d'incessantes modifications de la durée sensible se traduisent en « jugements de la vie sur la vie ». Mais l'expérience a beau se dilater aux dimensions de l'univers, elle reste tributaire du moi dont elle subit toutes les limitations. La pesée de la nécessité tend à paralyser sans cesse le mouvement d'expansion indéfinie par quoi elle s'approprie les formes du devenir arrachées au chaos. À peu d'exceptions près, la métaphysique a toujours pris l'expérience pour guide, s'est modelée sur elle tout en la façonnant. Quelles transformations devra-t-elle subir – mutilation ou métamorphose – pour s'élancer sans aucun soutien dans une région où l'expérience est dépassée? Car il semble bien que le propre de la révélation, à quelque degré qu'elle se produise, soit de dépouiller toute limitation de son caractère définitif, de remettre en cause notre aménagement de la réalité. De la révélation sensible à la révélation de la foi, partout où véritablement affleure la présence de l'être, il se produit un suspens de la durée qui est à la fois l'attente et cela qui la comble. Il n'est de révélation qui ne transgresse l'ordre des déterminations temporelles et spatiales et ne déplace ainsi le centre de gravité du réel. Dans un présent sauvé, la révélation surgit à la fois comme une transfiguration du passé ramené à sa quintessence, et une insondable préfiguration de l'avenir, en tant qu'il n'est pas le produit calculable de l'enchaînement causal mais le présage d'un avènement de l'être par-delà la mort considérée comme « passage à un plus », surélévation qui domine la vie.

Le sentiment profond que la postulation de l'être n'est aucunement le fruit de l'expérience et n'en relève que dans la mesure où elle en dénonce la tare et l'indigence constitue, chez Gabriel Marcel, une de ces données intimes qui déterminent les contours d'une philosophie. Qu'il prenne appui sur l'expérience pour se retourner contre elle et lui doive le meilleur de ses découvertes, cela ne change rien à cette intuition fondamentale. La forme même de « Journal métaphysique » qu'il a choisie pour incarner sa pensée – avec ce qu'elle comporte d'élans et de chutes, d'inévitables tâtonnements et de soudaines illuminations – manifeste cette volonté de pousser à bout la dialectique de l'expérience afin d'en discerner les bornes. Ce n'est pas pour s'y arrêter que Gabriel Marcel se réfère au moi divisé ou assemblé, dispersé ou tendu vers un but unique, comme au seul garant de l'authenticité de sa recherche, c'est pour le dépasser et atteindre à travers lui « l'inexhaustible » : ce je ne sais quoi d'inentamable qui résiste à l'épreuve de la « critique de la vie par la vie elle-même ». « L'être, a-t-il dit, se définit pour moi comme ce qui ne se laisse pas dissoudre par la dialectique de l'expérience ». À son tour, sa philosophie tout entière pourrait se définir comme un refus de laisser à celle-ci le dernier mot sur le réel, comme une exigence d'ouverture sur un au-delà de l'expérience.

II

Du concept de l'être, tel que l'ont façonné et poli des millénaires de méditation métaphysique, à l'intuition personnelle d'un Être absolu, la phénoménologie de la foi tisse la toile d'une médiation dont les fils tendus sur le vide, englueront, espère-t-elle, l'indocile proie qu'est la pensée rebelle. Mais pour mesurer sans vertige l'abîme où elle s'effondrerait si cette mince trame spéculative venait à se rompre, il lui faut, de tout son pouvoir, s'agripper à la raison, alors même qu'elle la défie. Que la signification du mot être où tient tout ce que nous sommes et ne sommes pas, tout ce que nous comprenons et qui nous comprend, dépende, en dernier ressort, d'une préférence injustifiable, voilà précisément ce que la raison commune ne peut ni ne veut admettre. Elle exige que règne l'obscurité sur la genèse et la croissance du besoin ontologique. Aussi bien, la phénoménologie de la foi, dont la tâche est de réconcilier la pensée avec l'impensable et de lui fournir des *permissions de croire*, s'attache-t-elle à purifier l'affirmation ontologique de tout soupçon d'arbitraire. Reste à savoir si ces « permissions », en supprimant l'inconfort du risque qu'entretient la menace de subjectivisme, n'affaiblissent la pensée plus qu'elles ne la délient. La phénoménologie de la foi va peut-être ici même à l'encontre de ses propres intentions et manifeste, dans sa démarche initiale, la profonde incompatibilité de ses moyens et de son but. En démontrant « l'impossibilité d'une preuve objective de l'existence de Dieu, l'absurdité d'une telle façon de poser le problème religieux », elle parvient, il est vrai, à désarmer la pensée, non à forcer son adhésion. Quelque libératrice que soit la description négative (Dieu n'est pas quelqu'un qui…) – et chez Gabriel Marcel la critique des positions dialectiques de l'objectivité constitue déjà l'ébauche d'une métaphysique de la connaissance – elle n'aboutit qu'à une légitimation théorique des pouvoirs de la foi. Pour en venir à ses fins et transformer la réflexion critique en une « réflexion récupératrice », la phénoménologie religieuse n'a d'autre issue, dès lors, que d'en appeler à la valeur. Elle va rejoindre les philosophies qui voulurent fonder une connaissance sacrée et firent de l'éthique l'intercesseur de la foi auprès de la raison. Si, cependant, ce recours à la valeur n'était, pour la métaphysique, que le signal d'une abdication ? Certes, l'être, en son rayonnement sensible, nous apparaît bien comme une valeur absolue, faite de l'éclatement de toutes les valeurs conditionnées, et seule capable de nous arracher l'éloge sans réserve où s'exalte l'immense étonnement d'un réveil. Mais cet absolu qui ébranle notre hiérarchie spirituelle, se laisse-t-il convertir en « souverain bien » sans qu'inévitablement se dissipe l'authentique présence de l'être ? Hostile à une valeur dont elle ne peut se former aucune notion pure et qui l'obligerait à modifier le jeu de ses catégories, la philosophie prétend lui substituer un « bien en soi », fondé en raison, et aussi indépendant des limitations individuelles que du hasard des révélations. Lorsqu'à son tour, la phénoménologie de la foi se propose de « transformer l'insondable en valeur positive », elle ne réussit qu'à s'engager dans une interprétation éthique du réel qui dénature l'expérience originelle de la valeur absolue de l'être.

On reconnaît ici la terreur qu'exerce la philosophie sur l'individu qu'est le philosophe tiraillé entre son exigence essentielle et les nécessités d'un art (d'un savoir) qui comporte sa technique, son langage, ses conventions et ses lois – terreur si efficace qu'il ne peut la briser sans « se nier lui-même comme spécialiste ». Or, le propos de toute philosophie a toujours été d'imposer – d'une hauteur par elle conquise – un accord à l'ensemble des disciplines humaines en les ramenant à une vérité évidente, unique, capable d'embrasser à la fois le particulier et l'universel. Cette volonté de conciliation qui, sous diverses formes, renaît, pareille à elle-même, à travers les doctrines, s'est à tel point incorporée à l'activité philosophique qu'elle semble ne faire plus qu'un avec celle-ci. Une pensée qui se dresse contre ses entreprises a toute chance de paraître blasphématoire. Gabriel Marcel joue ici même la partie dont l'issue décidera du sort de sa métaphysique. En tant qu'homme du métier, il est contraint d'en accepter les règles et d'identifier l'Être absolu de la foi aux valeurs d'essence universelle qui fondent l'unité et la permanence de notre réalité ;

mais en tant que métaphysicien engagé dans sa recherche « par la totalité de son être », il refuse de ratifier le marché de dupe que la philosophie a conclu avec l'éthique pour se sauver du désespoir. De ce point de vue là, sa conversion apparaît comme un bond hors de la philosophie pour sauvegarder l'indépendance de *sa* philosophie. Le voici donc obligé de faire face au double danger qui le guette : d'une part le conformisme d'école qui prétend réconcilier la pensée avec la foi au moyen d'un compromis sur la valeur – d'autre part, le conformisme d'église qui pousse la pensée sur la pente de l'édification et transforme la philosophie en viatique pour l'esprit, doublant celui de la religion.

Rien de plus révélateur, à cet égard, que le changement d'attitude de Gabriel Marcel devant le problème de la vérité. « L'être se confond-il avec le vrai? se demande-t-il dans le *Journal Métaphysique*[1]. Il le semblerait puisque le vrai c'est ce que la critique retient ». Et aussitôt, il se dérobe, détourne le tranchant de la question : « d'autre part, le vrai n'est sûrement qu'une limite abstraite... le vrai ne peut sûrement pas être adoré ». Mais en quoi l'acte d'adoration se distinguerait-il de l'idolâtrie du destin si l'être auquel il est dédié ne se confondait avec le vrai ? Réduire la vérité à « une limite abstraite... qui se définit dans l'ordre des possibilités idéales », c'est rapetisser la passion dominatrice où l'existence humaine trouve le principe de son dépassement. Cette disjonction en nous de ce qui veut le vrai et s'assure d'être prive l'ontologie de sa signification.

1. *Journal de métaphysique*, p. 178.

Il est évident que Gabriel Marcel ne pouvait la maintenir et quelques années plus tard, au moment de sa conversion, il avoue :

> Je ne peux plus en aucune façon admettre l'idée d'un au-delà de la vérité; il y a longtemps, d'ailleurs, que cette idée suscitait chez moi un malaise. Cette marge entre la vérité et l'être se comble en quelque sorte d'elle-même dès le moment où la présence de Dieu a été effectivement éprouvée, et ce sont les vérités partielles qui cessent, aux yeux de la foi, de mériter leur nom[1].

Ainsi, tout le travail d'exploration métaphysique et psychologique accompli par Gabriel Marcel durant de longues années l'aura-t-il préparé à la prise de conscience, nette et entière, de l'alternative que posent ces deux vérités incommensurables[2] : l'une qui renvoie « à des possibilités de confirmation et de vérification » (Husserl) et, par celle-ci, à l'évidence elle-même sur quoi elle se fonde; qui, loin de se vouloir « partielle », tend à devenir œcuménique, à englober l'universalité du savoir humain, tout indépendante qu'elle demeure de la conscience où elle se constitue, du sujet qui la découvre telle qu'elle est et ne pouvait pas ne pas être : à la fois vérité

1. *Être et Avoir*, p. 27. Cf. Nietzsche, *Umwerthung aller Werthe* I, p. 120 : « Die christliche Moral ist ein Befehl; ihr Ursprung ist transzendent; sie ist jenseits aller Kritik, alles Rechts auf Kritik; *sie hat nur Wahrheit, falls Gott die Wahrheit ist* – sie steht und fällt mit dem Glauben an Gott ». (La morale chrétienne est un commandement; son origine est transcendante; elle est par-delà toute critique, tout droit à la critique; *elle n'a que la vérité, au cas que Dieu soit la vérité* – elle se maintient par la foi en Dieu et tombe avec elle).

2. « C'est sur le terrain de la vérité d'abord que le combat religieux doit être poursuivi; c'est sur ce terrain seul qu'il sera gagné ou perdu », *Être et Avoir*, p. 235.

première et vérité dernière de toute éternité – l'autre, qui ne renvoie qu'à « l'évidence des choses non vues », à une réalité dont l'essence est de pouvoir être niée, objet de révélation, et comme telle, toujours susceptible de s'obscurcir dès que s'éteint la passion qui l'illumine : vérité de l'être qui se confond avec la manifestation de sa présence, rebelle à toute vérification confirmante et si intimement liée aux vicissitudes de la durée où elle se révèle, à l'épreuve de l'existence même, qu'elle coïncide, dans le sujet, avec la certitude qu'il éprouve d'aborder la région authentique de son être. Cette coïncidence, il lui est permis d'y voir un signe, un avertissement, non un critère ; car le vrai, objectivement, ne se mesure ni à l'utilité au salut ni au pouvoir de délivrance. Qu'il n'y ait rien dans l'esprit qui permette d'accorder la vérité dévoilée à la vérité révélée, la philosophie même de Gabriel Marcel nous en fournit la preuve. Est-ce là dire que le réel ne s'offre à la conscience écartelée que dans la mesure où il la confond ? Faut-il compter pour rien le souvenir de la contemplation comme d'une activité créatrice – à la fois déliée de tout et reliée à tout – qui entrouvre le domaine du possible et abolit la division dans la plénitude reconquise ? Gabriel Marcel n'a fait encore qu'effleurer le thème central de la contemplation qui commande toute sa métaphysique. Il semble que l'élucidation de ce thème doive l'amener soit à une impasse, soit à une issue, selon qu'elle lui servira de prétexte à une conception restrictive du réel ou, au contraire, de motif à une aventureuse révision des données premières de la philosophie.

La pensée ne mord sur le réel que si elle s'incarne et trouve l'exacte mesure de son pouvoir dans l'expression où se fixe l'essentiel de ses échanges avec la vie. Cette maturation – au cours de laquelle le contenu premier de l'idée esquissée s'enrichit de toutes les chances du hasard et de la préméditation – ne s'accomplit en l'homme que s'il conserve une possibilité de se garer, si minime soit-elle et, dans la pire détresse, un espoir d'inviolabilité. Ce refuge contre soi-même où la pensée se possède au plus près et s'exprime avec bonheur, cette enveloppante assurance, Gabriel Marcel les tient de la croyance. Il n'est que de lire le *Mystère Ontologique* et telles pages d'*Être et Avoir* pour y percevoir une croissante libération du souffle et de la voix, une plus grande flexibilité du discours dont l'allure se règle plus fidèlement sur celle de la méditation même. La croyance, ici, ouvre au métaphysicien l'accès de la poésie, non sans avoir préalablement reçu de celle-ci l'impulsion initiale. Elle lui dévoile « un monde qui était là, entièrement présent, et qui affleure enfin » – mais un monde qu'il ne peut ni contempler ni décrire du dehors et au seuil de quoi se perdent les chemins de la métaphysique. Par là même, elle rompt l'enchantement de la vision spectaculaire qui, de l'univers proposé à la contemplation, n'atteint que l'irréductible absurdité et ne retient qu'un pur assemblage de formes décantées dans le reflet de la conscience.

« Wenn Skepsis und Sehnsucht sich begatten, entsteht die Mystik », écrit Nietzsche. Si le mot « scepticisme » signifie volonté « de considérer les choses sans obligation ni servitude »[1], refus de céder aux sommations du fait accompli, et si le mot « nostalgie » conserve sa propriété de résonance ontologique, la formule de Nietzsche s'applique rigoureusement à ce qu'on est en droit de regarder comme la mystique de Gabriel Marcel. À l'ordre normal qui ne représente qu'un ajustement plus ou moins constant de forces en lutte pour la suprématie, cette mystique oppose (sur le seul plan spirituel, il est vrai) une fin de non-recevoir absolue. Elle se veut instrument « d'un certain ordre vivant » qu'il s'agit « de restaurer dans son intégrité » et qui se fonde uniquement sur l'engagement total qu'un être assume librement « à la suite d'une offre qui lui a été faite au plus secret de lui-même ». Cet ordre là n'a d'autre support ni d'autre garant que la fidélité de l'homme à son engagement. C'est donc à une transcendance de l'espace et du temps considérés comme « formes de la tentation » qu'à son tour aspire la mystique de Gabriel Marcel, à cette différence près que pour elle, l'espace et le temps ne sont nullement des perspectives trompeuses qui prêtent à la réalité phénoménale son illusoire consistance : au contraire, elle prétend les surmonter « en raison même de ce qu'ils ont pour nous d'absolument réel ». L'essentiel, dès lors, n'est pas de dépouiller la nature de son enfer et de ses paradis chancelants mais de combattre en elle l'indisponibilité native qui lui aliène et l'univers et Dieu.

Toute possession, « là où l'avoir en tant que tel n'est pas transcendé ou encore volatilisé au sein de la création même, devient, dit Gabriel Marcel, le centre d'une sorte de tourbillon

1. Montaigne.

de craintes, d'anxiété, et par là se traduit précisément la tension qui est essentielle à l'ordre de l'avoir »[1]. Cette obsession qu'entretient la perpétuelle menace d'arrachement qui pèse sur tout avoir et maintient le sentir dans la région de la peur et de la convoitise – l'incessante préoccupation de soi – n'est elle-même que l'expression universelle de l'angoisse de la finitude. Être et Avoir, pour Gabriel Marcel, ne représentent pas seulement, on le voit, deux modes fondamentaux, deux dispositions essentielles de l'existence, mais une conception mystique du Bien et du Mal dans leur rapport à la durée. « La créature, le péché et la mort sont du temps », enseigne Maître Eckhart. « L'ordre vivant » ne sera restauré qu'aux dépens de l'ordre naturel, par une conquête de soi dans la durée qui reliera les vides et les pleins, le vivre et le survivre, et créera une fidélité où manque la continuité. « Il n'y a pas d'état privilégié qui nous permette de transcender le temps » : l'instant même où l'éternité transperce le fini ne présente, aux yeux de Gabriel Marcel, que la valeur d'un amorçage. « La seule victoire possible sur le temps participe, selon moi, à la fidélité ». Une telle victoire ne se mesure donc pas au bonheur de l'extase qui achève et consacre le retour au « maintenant » éternel, mais à la résistance créatrice de la volonté. « En ce sens, dit Gabriel Marcel, le rapprochement de la volonté avec la foi est essentiellement fondé en droit puisque croire, c'est refuser de mettre en balance ». Et, précisément, la fidélité n'est

1. *Être et Avoir*, p. 235.

rien d'autre que la lutte persistante de cette « volonté de non-confrontation » contre le temps et les abandons qu'il impose [1].

Ici se montre une fois de plus la profonde complicité de la pensée et du désir. Un être qui se sait exposé, vulnérable, à la merci de la traîtrise et des cruautés de sa propre sensibilité éprouve jusqu'à l'obsession le besoin d'une défense contre l'humain, en lui et hors de lui. Besoin d'autant plus aigu que cet être se voit, non sans effroi, contraint de s'aventurer hors de la zone d'invulnérabilité où il cherche refuge. L'effort qu'il accomplit pour maîtriser ses contradictions, équilibrer ses impulsions, se dépêtrer de lui-même, est tel qu'il suscite une poignante nostalgie de la sérénité et de la réfection intérieure qu'elle promet. D'une certaine façon, l'essentiel de la vie spirituelle tient, pour Gabriel Marcel, dans une victoire sur l'inquiétude « comme disgrâce fondamentale, comme donnée universelle ». Mais cette victoire sur la peur omniprésente au sein d'un univers « comportant des lésions réelles », il ne croit possible de l'obtenir que par une sorte de désarmement intérieur et, si l'on peut dire, d'active non-résistance. La volonté elle-même, chez lui, figure une détente, un ressaisissement, un rassemblement du moi qui met fin à la division intestine. « Je pense que vouloir, c'est au contraire se détendre et non pas se crisper » – réussir à ne pas se diviser avant l'action. De là à affirmer que la volonté est « le bien en soi » dont l'usage semble « lié à la possession d'une sorte de grâce », il y avait une distance que Gabriel Marcel n'a pas hésité de franchir tant cette image de la volonté lui est consubstantielle. Plus

1. Ainsi, l'éthique, à la faveur de la mystique, se loge-t-elle au cœur de la philosophie de Gabriel Marcel.

pressante la nécessité de se prémunir contre sa propre défection aux moments où l'étiage de l'être est le plus bas, plus manifeste l'usure de la pensée jetée dans l'inextricable, plus ardente aussi la foi en la volonté comme instrument de salut. La mystique de Gabriel Marcel confond la pureté du vouloir avec l'héroïsme de l'humilité qu'elle met au principe de la connaissance et de l'action et en fonction de quoi elle envisage une refonte totale du moi.

Ce qu'évidemment une telle conception néglige, c'est l'étroitesse de la situation fermée où la volonté se débat sous l'effondrement du destin. Qu'on le veuille ou non, elle implique la possibilité d'un répit, d'une accalmie qui, précisément, permet à la volonté de se rassembler sans se crisper. Mais où le vouloir trouverait-il son point d'application quand tout espace intérieur aussi bien qu'extérieur lui est retiré, quand vouloir et pâtir ne sont qu'un? Et que peut, contre le temps, la volonté de non-confrontation à l'instant qu'il n'y a pour ainsi dire plus de temps, plus de passé, plus d'avenir, et qu'elle-même est confrontée avec la possibilité – non, avec la présence même – du néant? C'est cependant sur cette pointe du moment que se joue la partie de la foi, en cette extrémité de l'oppression que la foi est miracle – ou n'est pas. Car si Montaigne a dit vrai, si « l'homme ne peut être que ce qu'il est, ni imaginer que selon sa portée », la foi qui, précisément, repose sur l'impossibilité pour l'homme de se prévoir tout entier, cesse d'être une réalité. Certes, Gabriel Marcel l'affirme : « c'est en face du désespoir que la métaphysique doit prendre position ». Il admet que « le pessimisme absolu est possible, qu'il y a un sens où l'être peut être nié » et que cette possibilité même est « une donnée centrale ». Mais aussitôt, il met tout en œuvre pour exorciser sa propre vision et cacher la désaffection de la vie qui engendre l'horreur de l'éternel retour, l'acceptation de la nuit et du rien. Il n'y a pas lieu de traiter le « non » d'erreur ni d'espérer s'en défendre en s'efforçant de « voir au travers ». La foi elle-même n'est jamais achevée, jamais sauve et peut-être jamais pure; elle reste clouée à l'irréductible de « cette souffrance-ci ».

Mais plus enraciné que le sentiment de l'infranchissable demeure, chez Gabriel, le sentiment mystique du *lien*, d'une continuité de l'être qui, sans cesse rompue et renouée, n'en rassemble pas moins l'homme, l'univers et Dieu en une indivisible totalité. « Je ne suis, écrit Gabriel Marcel, que dans la mesure où il y a des choses, disons des êtres qui comptent pour moi; je ne puis imaginer d'authentique relation à Dieu qui n'englobe ces êtres, ces choses, cet univers »[1]. Et ailleurs encore : « je donne sans doute à Dieu, mais ce que je donne lui appartenait déjà. Cette consécration est en même temps une restitution »[2]. Peut-être, le mystique n'est-il jamais plus proche du poète qu'en ce don de soi qui l'enrichit d'un univers, en cette dédicace à Dieu de sa ferveur créatrice. Cette vivante communion avec les choses, les êtres, les idées, qui aboutit à la personnification, à la figure – ce bond hors de soi en plein réel – le poète et le mystique l'osent tous deux, quoique diversement. « Aus diesem Gefühle, écrit Nietzsche, gibt man an die Dinge ab, man zwingt sie von uns zu nehmen, man

1. *Journal Métaphysique*, p. 224.
2. *Ibid.*, p. 158.

vergewaltigt sie». Lorsque Gabriel Marcel prête un visage et comme une démarche humaine à l'Humilité, la Fidélité, l'Espoir, et réussit à leur rendre la palpitation d'une chair vivante, le rayonnement mystérieux des passions, il fait d'abord œuvre de poète. L'Espérance lui est vraiment apparue, non comme une vertu, mais comme un *être*, en sa force désarmée qui ne peut changer rien et peut changer tout. Certes, la résistance de la vie à la vie demeure justifiée, le doute sur l'être plausible, et fondée la méfiance à l'égard des mots et des mythes qui cachent à l'homme la réalité. Car l'acte d'espérer contre toute raison n'équivaut nullement à une fuite devant l'inévitable; au contraire, il implique une entière lucidité dans le dépassement de l'évidence pleinement envisagée en un corps à corps avec la nécessité. « La mort, tremplin d'une espérance absolue... ».

Si « les conditions de possibilité de l'espérance coïncident rigoureusement avec celles du désespoir », c'est précisément qu'elles découlent les unes et les autres du rapport fondamental de la vie humaine à la mort. L'extase d'une parfaite fusion avec le divin n'arrête l'homme qu'un instant sur la pente du « temps-gouffre ». Mais l'espérance n'attend pas « la quiétude de la divine immutabilité » : elle agit dans le temps – tout ensemble avec et contre lui – pour conquérir à l'homme une éternité saisissable. « L'espérance, écrit fortement Gabriel Marcel, ne porte pas sur ce qui devrait ou sur ce qui devra être; simplement, elle dit: cela sera »[1]. Cette mobilisation de l'avenir, cette main-mise sur le temps, voilà justement ce dont

1. *Être et Avoir*, p. 135.

seuls sont capables le prophète et le saint, non le pur mystique chez lequel l'espérance est toute résorbée dans le présent de l'amour. En ces pages si denses d'*Être et Avoir* sur l'espérance comme vision et puissance prophétique, Gabriel Marcel dépasse d'un élan sa propre conception de l'acheminement à la foi par l'émerveillement devant le mystère. Malheureusement, il recule et aussitôt se reprend : « l'espérance archétype, c'est l'espoir de salut, mais il semble que le salut ne puisse résider que dans la contemplation. Je ne crois pas que ceci puisse être dépassé » [1]. Pourquoi cette restriction ?

Poussée à ce point, la réflexion sur l'espérance eût dû amener Gabriel Marcel à se poser sans réticence la question de la liberté. Or, à peine l'a-t-il frôlée qu'il l'écarte presque avec irritation. « Si pourtant l'exigence de liberté et la volonté de salut ne sont que les deux aspects d'une seule et même passion d'immortalité, que signifie une liberté ordonnée au salut » sinon la négation des deux ? Quand Rimbaud déclare : « Je veux la liberté dans le salut », ne s'agit-il pas d'une liberté consubstantielle au salut, d'une Promesse que l'existence se fait à elle-même et qui – dût-elle n'être jamais tenue – détermine nos plus profonds engagements. Cette intraitable volonté de libération, tendue jusqu'au-delà du possible, ne donne-t-elle pas la vraie mesure d'un être, la clef de sa réalité concrète ? Rimbaud ne s'interroge pas un instant sur la nature de la liberté – *il l'exige* – et ne se demande qu'une chose : « comment la poursuivre ? ». Ne sachant ni ne voulant savoir où il accostera, il ne peut accepter que le salut se trouve fixé

1. *Ibid.*, p. 116.

d'avance, qu'une limite quelconque lui soit assignée. La liberté ne s'offre pas à l'homme comme un « souverain bien » mais nomme une possibilité dont il crée la condition : et déjà cette création renferme l'essentiel. Ne serait-ce pas là, au fond, le sens de la formule de Gabriel Marcel : « l'être s'affirmant plutôt que l'être affirmé ? ».

Ainsi, par-delà l'éternelle opposition « libre arbitre – déterminisme », le problème de la liberté (« mais ce n'est pas un problème ») se présente à Gabriel Marcel comme une sorte de contre-épreuve décisive à laquelle il s'est jusqu'ici dérobé. Lui, sera-t-il permis de s'y soustraire indéfiniment? On peut en douter. En vain, croit-il découvrir « l'identité cachée de la voie qui mène à la sainteté et du chemin qui conduit le métaphysicien à l'affirmation de l'Être ». À la question de Rimbaud (« comment la poursuivre ? »), le saint a une réponse – mais le philosophe n'en a point ni ne saurait en avoir. Le chemin où il s'avance est déjà nivelé, de temps immémorial, par le passage de la pensée et ne rejoint nulle part, pas même à l'infini, la voie abrupte de la passion de liberté[1]. De concession en concession, toute philosophie en arrive fatalement à renier l'épreuve fondamentale où elle puise l'élan qui la soulève jusqu'à l'affirmation ontologique.

Ce qui frappe, chez Gabriel Marcel, c'est que la sienne est, sur ce point, en contradiction intime avec elle-même, et

1. Si bien qu'une pensée engagée dans cette voie, comme l'est celle d'un Kierkegaard, ne fait plus, à proprement parler, figure de philosophie. Il est significatif de constater, en ce qui touche à la liberté, l'accord rigoureux de la métaphysique religieuse de Gabriel Marcel et de la métaphysique profane de Heidegger. Sous le couvert de la « liberté ordonnée » ou de la « gebundene Freiheit », elles aboutissent au même compromis.

d'autant plus que le problème de l'être ne se pose pas, pour elle, « comme la question de savoir quelle est l'étoffe ultime du monde » ou quels sont les rapports de l'apparence au réel, mais se concentre tout entière sur « l'acte d'affirmer ». « L'attestation de l'être est personnelle », répète Gabriel Marcel. Eh quoi, le philosophe souffrira-t-il qu'un acte non-obligatoire, suspendu au seul caprice de l'individu, forme l'axe de la recherche ontologique? Vite, il s'empresse d'ajouter l'indispensable correctif à cette parole téméraire et de spécifier que l'acte d'affirmer ne doit pas, à vrai dire, être considéré en soi, en tant qu'acte, mais « dans son intentionnalité spécifique ». Il s'en faut, pourtant, que Gabriel Marcel se tienne satisfait de ces atténuations. Conscient du glissement dans le général que vient d'effectuer sa pensée, il remarque : « c'est d'ailleurs dans cette zone qu'une sorte de voisinage dangereux s'établira entre l'ontologie et la logique proprement dite »[1]. Avec angoisse, il découvre que plus la volonté de délivrance semble se rapprocher du but, plus elle risque de tomber dans le piège de l'abstraction. Comment éviter, d'une part, que l'affirmation de l'être n'apparaisse « comme génératrice de la réalité de ce qu'elle affirme » et, d'autre part, comment transformer cette affirmation en une démarche concrète qui aboutisse à « un détachement réel, à un dégagement réel, non point à une abstraction? ». C'est bien parce qu'il est impossible de trancher ce débat dans le cadre de la spéculation pure que Gabriel Marcel s'évade dans la mystique de la contemplation.

1. *Être et Avoir*, p. 203.

III

La pensée « braquée sur le mystère » est une pensée qui a fini de souffrir, de juger la vie et de passer à son jugement. Elle vient de s'arracher à l'horreur, et s'étonne infiniment. Dans la contemplation du mystère de l'être, la pensée réconciliée, immunisée contre ses propres poisons, est à l'abri des morsures de la vie. Cette paix qui l'enveloppe d'horizons transparents lui offre un refuge au sein du Tout, hors du chaos. La pensée n'y connaît pas de « trop tard », de « maintenant ou jamais ». Elle a quitté la région des durs problèmes, des débats épuisants. Nourrie et soutenue par le pressentiment d'une vaste appartenance, par le souvenir d'un lien primitif et sacré, elle fait retour à ses sources. À la lueur de l'intuition de l'être qui rattache la pensée à la sensibilité connaissante, le vécu, par endroits, se laisse déchiffrer et livre sa signification : « Cette intuition, écrit Gabriel Marcel, ne peut pas se réfléchir directement mais elle illumine en se retournant tout un monde de pensées qu'elle transcende »[1]. L'idée même de l'être est ici « autre chose et plus qu'une idée » : une certitude défendue des menaces de l'absurde.

Jusqu'à certain point, la capacité de recueillement est toujours liée à une technique de l'intériorité, à une exquise maîtrise des claviers du sentir, des jeux de la durée. « Il n'est pas d'instant privilégié », écrit Gabriel Marcel, et pourtant ce sont bien les moments où les divers motifs d'une vie s'entrelacent selon une intime ordonnance, où les voix concertantes

1. *Être et Avoir*, p. 142.

se transmettent avec ferveur le thème qu'elles ornent des figures de leur chant, où toute souffrance et toute laideur paraissent enfin rédimées, qui donnent à sa philosophie l'expérience du bonheur sur quoi se moule l'assurance de l'être. Mais soudain, venue des profondeurs de sa nature, une impulsion le pousse à piétiner cette félicité préservée dont il ne saurait demeurer prisonnier. C'est malgré lui, dirait-on, qu'il s'arrache à l'amour de la perfection intérieure pour continuer la chasse du vrai.

Tout système philosophique, aussi autonome et détaché de l'individu qu'il se veuille, implique une estimation de la vie qui devient prétexte à une subtile falsification. Pour transposer et imposer, en termes d'universalité, le jugement intime qu'il fait de sa propre vie, le philosophe doit d'abord trancher les ramifications souterraines qui rattachent sa philosophie à son être. Ce jugement formé au gré des fluctuations intérieures, et sujet à de constantes révisions, il faut l'appuyer d'une motivation rationnelle qui lui confère une valeur objective et lui donne force de loi. Car la volonté de revanche sur la vie qui est à la racine du besoin de spéculation oblige le philosophe à n'exiger rien de moins qu'une adhésion totale à sa vérité. Même s'il en arrive, comme Nietzsche, à la certitude qu'il n'existe rien au nom de quoi la vie puisse être absoute ou condamnée, et la prend, telle qu'elle est – hasard, occasion, fatalité – pour pierre de touche de la pensée et de la valeur, il émet encore, en la ceignant de souveraineté, un jugement par où il la domine. « Man muss den Versuch machen diese erstaunliche Finesse zu fassen, dass das Werth des Lebens nicht abgeschätzt werden kann »[1]. Nietzsche refuse de décharger l'existence de sa cargaison de fatalité, de tenir l'homme responsable de ce qu'il est : une pièce de l'universelle nécessité, une parcelle du chaos en devenir où se succèdent, sans ordre et sans fin, les déclins et les recommencements de la vie ascendante ou descendante.

Dans l'étroite zone déchiquetée où, sous la poussée de la mort, l'existence, indéfiniment, s'effrite et se recompose, il ne règne d'autre force que la force, d'autre loi que celle du hasard qui règle le jeu des phénomènes. Sur toute chose mûre dans sa perfection, le chaos s'abat et l'engloutit à nouveau dans l'indistinction originelle. L'Être absolu du métaphysicien en tant qu'il se superpose au Tout hors de quoi rien n'existe et ordonne l'infiniment divers à l'Un infini n'est rien d'autre, pour Nietzsche, que le mythe de l'homme harassé, incapable de soutenir le spectacle de la guerre incessante du devenir. « Das Sein wird überall als Ursache hineingedacht, untergeschoben »[2]. Il importe de dénoncer la connivence de la raison avec l'exigence ontologique dont elle est la docile exécutrice, sa participation à la supercherie qui épaissit l'erreur partout répandue.

1. Nietzsche, *Das Problem des Sokrates*, VIII, p. 69. (Il faut tenter de saisir cette surprenante finesse, à savoir que la valeur de la vie ne peut devenir l'objet d'une estimation).

2. « L'être est partout introduit, insinué par la pensée en tant que cause ».

C'est à cette critique de l'ontologie, chez Nietzsche, que se heurte et se heurtera toujours la pensée de Gabriel Marcel. À l'opposé de l'acceptation dionysiaque de la vie enfermée dans le cycle éternel de la procréation et de la mort, s'élève l'affirmation religieuse de l'être débouchant sur le mystère de la transcendance et dont la condition fondamentale demeure « l'intervalle absolu qui se creuse entre l'âme et l'être en tant que celui-ci se dérobe à ses prises ». Présents ici et là, quoique essentiellement différents de nature, le sentiment du sacré, l'acquiescement au sacrifice et à la souffrance sanctifiée[1], la volonté d'accéder à la joie dans un dépassement absolu de soi-même, se répondent à l'infini, d'un bord à l'autre de l'abîme humain.

Le contemplatif, quoi qu'il fasse, ne se retrouve jamais tout entier dans les manifestations vérifiables de ses pouvoirs réels. De soi à soi, il y a place, à ses yeux, pour l'écart infini de la transcendance. Dire : « je ne coïncide pas avec ma vie », c'est affirmer que mon être ne se confond pas avec mon histoire ni ne s'épuise avec ma durée, qu'il m'apparaît en quelque sorte « antérieur à moi-même ». Or, justement, cette idée d'une permanence ontologique indépendante de la vie, Nietzsche y voit la suprême démission de l'homme devant le réel. La connaissance qui procède de la participation orgiaque à l'éternelle joie du devenir, égalant la création et la destruction, abolit à ses yeux jusqu'à l'idée de l'incommensurabilité de l'être et de la vie. Il n'y a, pour lui, des êtres à l'Être, que la

1. Dans la doctrine orphique, la souffrance est sanctifiée. Nietzsche, *op. cit.*, VIII, p. 172.

distance d'une asservissante illusion: « Un oui, un non, une ligne droite, un but » – le destin consommé dans la fulgurante possession de soi-même face à la mort (« das triumphierende Ja zum Leben über Tod und Wandel hinaus » [1]), cela suffit à justifier la vie d'avoir en elle-même son principe et sa fin.

Il n'est pas au pouvoir de la pensée de se déterminer par elle-même pour l'une ou l'autre de ces positions irréductibles. D'avance, la décision est prise et la pensée ne peut que produire des arguments à l'appui d'une vocation incoercible et sanctionner ainsi l'impératif du sentir fondamental.

Il existe, semble-t-il, une obscure connexion entre ce choix même et la conscience de soi comme essence, dans l'acception particulière que Gabriel Marcel a donnée à ce terme pour définir l'ordre musical « où la chose dite ne peut pas être distinguée de la manière de dire ». À travers les déformations et les transformations de la vie, cette essence se révèle comme l'indéfinissable – à la fois permanente et mouvante – qualification du moi, par-delà toute détermination objective. « Ce ne sont pas mes gestes que j'écris, dit Montaigne, c'est moi, c'est mon essence ». Chaque fois que, sous le choc du réel, la pensée rebondit vers de nouvelles issues, elle fait effort pour libérer cette essence et lui donner expression. En ce sens, la création est bien, comme l'a définie Gabriel Marcel, « libération de l'inexposable » : l'essence enfin captée n'y renvoie

1. « Le triomphant oui à la vie, par-delà la mort et le changement », Nietzsche, *op. cit.*, VIII, p. 172.

plus au moi dont elle émane mais à l'objet concret – chose ou Dieu, être particulier ou Cosmos – avec lequel ce moi entre en un vivant rapport.

Il n'est pas indifférent, à cet égard, que l'œuvre de Gabriel Marcel soit pleine de références à la musique. Partout la spéculation métaphysique y apparaît saturée d'une expérience musicale précieusement mûrie. Pas une des valeurs auxquelles Gabriel Marcel a entrepris de rendre un contenu vivant qui, de quelque manière, ne se rattache à celle-ci. Le rassemblement de soi dans le silence intérieur, l'attention lucide dans l'abandon, composent l'attitude même de l'Auditeur prêt à écouter « ce pour quoi aucun mot ne peut être trouvé ». La musique, précisément, permet cette détente de la volonté, suspendue à une imminence d'actes, dans la mesure même où, du désordre d'éléments qui composent une absence d'être, elle tire un être tout *présent* dont les puissances de sensation, de passion, de pensée, obéissent à l'impulsion et à l'ordre qu'elle leur imprime. La musique, comme le dit excellemment Gabriel Marcel, « ne signifie rien, mais peut-être parce qu'elle est signification » – signification qui vient de l'homme et aussitôt le dépasse, lui échappe, lui revient changée d'inexprimables richesses. Il se peut que la musique en tant qu'elle est le mode de création où la pensée et le sentir humain livrent ce qu'ils ont d'incommensurable aux catégories de l'entendement pur et aux cadres de l'affectivité commune ait sauvé Gabriel Marcel des prestiges du « Denken überhaupt ». Comparant cette pensée en général à une pensée reliée par ses racines, à la réalité centrale du sentir fondamental, témoin et garant de l'être, Gabriel Marcel note dans son *Journal Métaphysique* :

> Il y a là une distinction analogue à celle qui existe entre les œuvres qui nous donnent seulement l'occasion de faire jouer nos catégories et celles qui les enrichissent. Il m'est arrivé bien souvent, surtout en musique, d'opposer l'œuvre que je goûte immédiatement parce qu'elle entre dans certains cadres ou schèmes tout préparés (réminiscences) et celle que j'aimerai seulement plus tard, mais bien plus profondément, parce qu'elle me force à inventer pour elle des catégories nouvelles; elle exerce sur moi son autorité, elle devient un centre qui m'impose un regroupement de moi-même [1].

Ici encore, l'expérience musicale fournit à Gabriel Marcel l'image la plus adéquate du vécu dans l'ordre de la recherche ontologique. Mais peut-être la musique a-t-elle aussi écarté Gabriel Marcel de certaines luttes que l'avant-goût d'une plénitude victorieuse semblait rendre inutiles, déjà dépassées... Gardons-nous, toutefois, de préjuger l'avenir: nul ne saurait prévoir les engagements d'une pensée qui a toujours fini par rejeter les solutions conciliatrices et n'a cessé de se vouloir indépendante à l'égard d'elle-même [2].

Au ravissement de l'Instant parfait succède le désir de combler par un chant «l'intervalle entre l'âme et l'être». Il n'est pas de poésie sans cette élévation au-dessus de la vie qui *transfigure le spectacle en apparition.* Ce détachement qui apaise le besoin de pureté, ce désensorcellement de soi-même où l'homme goûte la jouissance de la lucidité, présagent-ils nécessairement l'adoration du «Toi absolu»? Dans quelle

1. *Journal Métaphysique*, p. 228.
2. Une des dernières pièces de Gabriel Marcel, *Le Chemin de crête*, semble pleinement confirmer cette assertion.

mesure la mystique de la présence parvient-elle à nous amener de la compréhension, de la nostalgie, de la concupiscence de la foi – c'est-à-dire de la poésie – à la foi elle-même, à « l'attestation perpétuée » ? « Das Verlangen nach einen starken Glauben, remarque Nietzsche, ist *nicht* der Beweis eines starken Glauben, vielmehr das Gegenteil »[1].

À ce dernier tournant du chemin, une question surgit, trop longtemps refoulée. Ne sachant nous-mêmes ce que nous croyons, pourquoi *croyons-nous néanmoins que croire est essentiel* ? Qu'attendons-nous de la foi, nous qui sommes dans l'impossibilité de croire et participons à l'horreur des commencements en un monde où l'enfantement ne se distingue plus de l'agonie ? Les mots – vérité, liberté – que nous savons bien qui ne sont pas saisissables ni définissables hors d'une zone étroitement circonscrite, nous n'en faisons pas moins l'expression d'une exigence de salut, têtue, puissante, comme le vouloir-vivre, et que rien n'abat en nous quand bien même tout nous prouverait qu'elle est insensée. « Der Mensch, der als Realität so verehrungswürdig ist, vie kommt es dass er keine Achtung verdient, sofern erwünscht ? »[2]. Nietzsche aura-t-il ici le dernier mot ou, au contraire, l'homme n'est-il profondément humain que dans cette incompréhensible recherche de la joie – par-delà le bonheur et le malheur – où se rejoignent et se confondent ses plus hautes passions ?

1. Nietzsche, « Le désir d'une forte foi n'est pas encore la preuve d'une foi forte, bien plutôt le contraire ».

2. Nietzsche, *op. cit.*, VIII, p. 140, « L'homme qui en tant que réalité, est si digne de respect, comment se fait-il qu'il ne mérite aucune estime en tant qu'il formule des vœux ? ».

Que nous attendions de Gabriel Marcel, sinon une réponse, du moins une lumière sur ces questions, un aveu qui nous rapproche du vrai, de notre vrai, c'est là le signe le plus certain de l'authenticité et de la valeur de son œuvre.

Que le métaphysicien reste donc « semblable au malade qui cherche sa position ». Ne lui souhaitons pas de guérir.

NOTES SUR *LA RÉPÉTITION* DE KIERKEGAARD

I

«La vie d'un poète commence par une lutte avec l'existence tout entière», lutte obscure dont les péripéties sont connues et l'issue incertaine, si tant est qu'il y en ait. Sait-on quelle défaite ou quelle douteuse victoire convertit en louange l'impuissance du défi, au nombre et au chant le cri de la contradiction? En cette collision où l'existence du poète se heurte à elle-même, les images et les pensées, les pressentiments et les réminiscences, s'éveillent, armés d'un nouveau pouvoir. Le génie de la poésie, dans *La Répétition* de Kierkegaard, s'insurge contre « la loi d'indifférence » qui asservit le monde : toutes digues rompues dans un débordement de force élémentaire, il dévaste et détruit jusqu'au monde où il règne. Tout témoigne, en ce poème, d'une plénitude mystérieusement conquise au sein de la discorde: l'invention dialectique qui d'un thème donné extrait une inépuisable richesse de virtualités, le ruissellement d'imagination créatrice qui relie le plan du sensible au plan de la métaphysique, la prodigieuse maîtrise des mouvements affectifs et des opérations de l'esprit.

Deux personnages, dans *La Répétition*, incarnent les personnages qui opposent Kierkegaard lui-même et le vouent à un destin solitaire. Gardons-nous de croire qu'en eux il se soit livré sans réserve. « La loi de délicatesse scrupuleuse qui permet à un auteur d'utiliser ce qu'il a lui-même vécu, exige qu'il ne divulgue jamais le vrai, mais le garde par-devers soi et n'en laisse, de diverses façons, échapper que des fragments »[1]. Retenons cet avertissement. Le désir ambigu de proclamer son secret tout en dépistant le lecteur l'oblige à multiplier les alibis et les déguisements. Si Constantin Constantius incarne son démon d'ironie perpétuellement aux aguets dans la souffrance, si le Poète nous fait entendre l'accent même de sa voix dans le défi, d'autres aspects de sa personne ne se manifestent qu'en de réticents aveux. Une sensibilité intolérablement exposée réclame sans cesse de nouveaux masques. Mais il y a aussi en Kierkegaard une faculté d'intense délectation de l'impalpable qui se révèle dans les apparitions de jeunes filles, surgies du souvenir à certains méandres du récit. L'adoles-

1. « Das Gesetz des Zartgefühls unter dem ein Verfasser das benutzen darf, was er selber erlebt hat, lautet dahin dass er nie das Wahre sagt, sondern das Wahre für sich behält und es sich nur auf verschiedene Weise brechen lässt ».

Pour *La Répétition* et *Le Banquet*, j'ai recours à la précieuse traduction française de P.-H. Tisseau, Paris, Alcan, 1933; pour la *Notion d'angoisse* et les *Discours édifiants*, à la traduction allemande de Ch. Schrempf. Certains textes, provenant des journaux intimes et d'autres œuvres, sont extraits du livre de Geismar, *Sören Kierkegaard*, Göttingen, 1929.

cente qu'il découvre un soir dans une loge de théâtre, serrée dans son grand châle « comme à l'abri du monde », l'inconnue qui dans une auberge rustique l'aborde avec une si noble et si gracieuse aisance, sont les compagnes de la fuyante nymphe dont, tout le long de sa vie, on retrouve la trace. « Gardienne inoubliable de mon enfance, ô nymphe fugitive du ruisseau coulant devant la maison de mon père… toi ma consolatrice fidèle… » – ainsi la nomme Kierkegaard en l'évoquant. C'est auprès d'elle qu'à bout de souffrance, il se réfugie, si accablé de lassitude qu'une éternité ne suffirait à l'en guérir. Ce bruissement d'eau vive, qui enchantait sa tristesse et le séduisait à une existence plus libre et plus heureuse, ne fait jamais défaut où Kierkegaard épanche l'immarcescible tendresse qui sourd au plus profond de son être aride. « D'où vient l'amour ? Quelle est sa provenance, quelle est son origine ? Quel est le lieu où il habite et d'où il s'échappe ? Oui, ce lieu est caché, secret. Il est un lieu au plus profond de l'homme, de ce lieu émane la vie de l'amour… Mais ce lieu, tu ne peux le voir : aussi avant que tu remontes, l'origine de la source, lorsque tu en es le plus proche, se dérobe et s'éloigne encore un peu plus. La source jaillissante attire l'homme par son captivant babil, l'implore presque de la suivre et de renoncer à l'épier indiscrètement pour découvrir son origine, percer à jour son secret »[1].

1. *Leben und Walten der Liebe*, p. 9, « Woher kommt die Liebe ? Wo hat sie ihren Ursprung and ihre Herkunft ? Wo ist die Stätte da sie wohnt, von wo sie ausgeht ? Ja, diese Stätte ist verbogen oder im Verborgenen. Es gibt eine Stätte im Innersten des Menschen, von da geht der Liebe Leben aus… Aber sehen kannst du diese Stätte nicht… selbst wenn du am tiefsten hineindringst, der Ursprung ist gleichsam immer noch ein Stück weiter drinnen… Der rieselnde Quell lockt mit plaudernder, gewinnender Geschwätzigkeit, ja bittet fast den

Toutes les explorations ne nous mènent qu'à des seuils successifs derrière lesquels se reforme, plus dense, le mystère du jaillissement. Kierkegaard nous adjure de ne chercher point à surprendre la naissance clandestine de l'amour. Qu'il nous suffise de percevoir, dans le silence, le son même de la solitude où il surgit. Au plus intime d'un être altéré d'innocence, une pureté frémissante, mal défendue par l'orgueil, supplie qu'on lui fasse grâce.

La profonde délectation du secret qu'éprouve Kierkegaard à contempler des choses cachées, préservées, soustraites à l'anonyme curiosité du monde – lueur d'aube dans une source, mystère matinal d'une jeune fille en son jardin trempé de rosée, lumière sans éclat d'une après-midi d'automne à l'orée des forêts – culmine dans le ressouvenir. « Quelle ivresse vaut celle où l'on goûte le silence ? » [1]. Sous l'action de ce « puissant ferment », le ressouvenir qui a « couvé son objet à l'écart, en cachette » [2] le révèle en sa vérité ultime. L'immédiat se retire et laisse affleurer le réel. Ce qui dans le passé n'est jamais révolu redevient une source de possibles. Mais pour exorciser l'immédiat, il faut d'abord que le poète s'y engouffre. « Comme le vin, le ressouvenir doit receler le parfum du vécu avant d'être scellé » [3]; s'il enivre c'est qu'il en extrait la quintessence. Il n'est de ressouvenir que de l'essentiel, de l'éternel, de tout ce que la mémoire néglige ou laisse fuir. Estampillé par elle, le ressouvenir perd à jamais le pouvoir magique de supprimer la

Menschen ihm nachzugeben und ja nicht neugierig seinen Ursprung aufzuspüren und sein Geheimnis ans Licht zu zerren ».

1. *Le Banquet*, p 37.

2. *Ibid.*, p. 28.

3. *Ibid.*, p. 22.

distance entre l'événement et son retentissement intérieur, de combler « le gouffre infranchissable qui fait l'incommunicabilité »[1]. Du plus profond oubli, il émerge, inattendu, pour « assurer (l'homme) que son passage sur la terre s'effectue *uno tenore*, d'un trait, d'un souffle, et peut s'exprimer dans l'unité »[2]. Cette unité de souffle, cette éternité constitutive de la signification même du vécu, le poète ne les appréhende que dans la résurrection du passé où se mêlent et se confondent « l'horreur de la vie et l'extase de la vie »[3].

Il existe pour l'auteur du *Banquet* un *art du ressouvenir* subtil et difficile[4]. L'insurmontable répugnance que les liens et les limites de la réalité charnelle inspirent à Kierkegaard, lui dissimule l'origine abyssale du ressouvenir. Il veut ignorer cette zone extrême et mystérieuse où s'effacent les frontières du corps et de l'esprit, et ne souffre pas que le fini et l'infini soient inextricablement emmêlés dans l'homme. La réflexion seule, assure-t-il, mais la réflexion « à la seconde puissance », nourrie de toute la substance du vécu, douée de vie, de passion, de spontanéité, élabore la technique du ressouvenir « dont la possession rend plus riche que celle du monde entier ». Réfléchir l'immédiat c'est le mettre à distance, le forcer d'abdiquer son autorité souveraine au profit de son pur reflet et, par là même, laisser le champ libre à la faculté du ressouvenir, « condition de toute activité créatrice ». Mais l'immédiat se venge d'être molesté : le poète est incapable de s'adapter au

1. Baudelaire, *Mon Cœur mis à nu*.
2. *Le Banquet*, p. 23.
3. Baudelaire, *Mon Cœur mis à nu*.
4. Comme pour Proust, mais chez celui-ci l'art du ressouvenir se fonde sur les données immédiates de la sensation pure.

tempo de la durée finie, à sa fuyante succession, soit qu'il ressaisisse le réel dans la réminiscence, soit qu'il le condense et le prolonge dans la « concentration du pressentiment ».

« Au premier frisson du pressentiment, mon âme, dit Kierkegaard, a déjà parcouru toute la chaîne des conséquences auxquelles il faut souvent bien du temps pour se réaliser » [1]. C'est ce choc qui ouvre au poète l'horizon du futur où se projette l'objet de sa vision. « L'idée le féconde dans ce saisissement et il est désormais en passe de découvrir la réalité ». Ainsi, le réel demeure enveloppé de nuit, inaccessible à l'idée fécondante, si l'éclair du pressentiment ne le sillonne de sa brève fulguration. Kierkegaard n'a pas plutôt assigné à la réflexion le rang suprême de « seconde puissance de la conscience » et l'éminente fonction de « secourir le ressouvenir » qu'il la congédie sans plus de façon. Elle peut bien tordre le cou à l'immédiat, il n'est pas en son pouvoir de découvrir le réel dans toute la plénitude de sa présence. Laissée à elle-même, elle n'en saurait dévoiler que l'absence, l'éternelle évanescence. Il faut qu'elle se contente de faire main basse sur le butin que le ressouvenir et le pressentiment lui abandonnent. Rivée à la durée finie dont elle ne cesse pourtant de dénoncer l'usure et l'inconsistance, elle ne peut opérer cette *suspension de la durée* où le pressentiment et le ressouvenir déchaînent dans l'instant l'imminence du passé ou du futur. Kierkegaard, semble-t-il, n'élève si haut la réflexion que pour mieux la confondre, et il ne l'humilie si profondément que pour mieux l'exalter. Cette contradiction ne peut être passée

1. *La Répétition*, p. 54.

sous silence : elle est le levier de son avide pensée, impatiente de soulever tout le poids de l'existence. La discorde intérieure, les embûches de la solitude, l'inévitable impasse ne sont point pour Kierkegaard des catastrophes réparables. L'absence de chemin est le seul chemin que sa pensée veuille suivre.

II

Mais enfin, cette réalité qui élude son étreinte, est-ce par faiblesse ou par impuissance que le poète la dépasse d'un bond, l'épuise trop vite et ne la peut saisir que dans le « frisson » du pressentiment ou l'envahissement du ressouvenir ? Nullement : sa démesure même l'y contraint. « Il n'était pas trop faible pour supporter la réalité, affirme Kierkegaard, il était trop puissant, *mais cette force même était sa maladie* ». L'inadaptation au « tel quel » de l'existence, le désaccord avec l'immédiat, l'incapacité d'emboîter le pas à la réalité commune, peuvent être les symptômes d'un excès de force. Alors que Nietzsche exalte, à ses propres dépens, la santé, le tragique bonheur de l'« homme réussi » qui saisit le réel en un corps à corps passionné, Kierkegaard loue la défaite qui relâche cette étreinte. Il veut voir, dans les déficiences et le dénuement du héros du souterrain, non les stigmates d'une déchéance mais les signes d'une élection. L'homme n'est pas débile qui, pressé par son destin, refuse à l'irréparable l'assentiment dont l'existence se contente pour persévérer dans son être. Que sa puissance affecte la forme d'une maladie et le rende inégal à la réalité, nul doute : Kierkegaard sait ce qu'il coûte d'en être atteint. De l'activité créatrice, il espère sa guérison, mais elle ne lui est pas plutôt accordée qu'il la dédaigne. L'esprit de poésie attise la violence du « cri de contradiction » au moment même où il le subjugue, accroît la nostalgie de plénitude à mesure qu'il la comble. Parvenu à l'aide de la poésie au seuil de la terre promise, Kierkegaard, comme Nietzsche, se retourne contre elle pour l'immoler à l'inexorable vie nouvelle. Mais il ne peut sacrifier la poésie sans mutiler du même coup la passion qui la surmonte. La tragique ambiguïté de sa pensée aux prises avec ce dilemme provient de ce qu'il souhaite autant qu'il redoute l'*éveil* qui rend caduque la liberté du poète. Désertant la solitude même de son génie, Kierkegaard hésite à la frontière du prodigieux où enfin sa « force » cesserait d'être « maladie ».

L'esprit, en son élan disproportionné au but trop proche qu'il veut atteindre, dépasse la réalité et la manque irrémédiablement. Ce contraste entre la frénésie de l'esprit et l'inertie de la réalité soudain fripée, vidée de sa substance par une violence destructive, éclate dans l'ironie rapide et blessante de Constantin Constantius [1], dans la véhémence lyrique du jeune poète.

Le héros de *La Répétition*, dès le début, « a fait un bond si terrible qu'il a sauté par-dessus la vie ». D'où son incurable « Schwermut » faite du « désespoir d'être soi » et d'une poignante délectation – nappe souterraine de tristesse qu'illumine le ressouvenir. Il faut que le bonheur de l'amour soit

1. Constantin Constantius est le pseudonyme sous lequel Kierkegaard a fait paraître *La Répétition*. Il donne ce nom au personnage qui dit « Je » dans *La Répétition*.

devenu ombre, pour qu'il en découvre la saveur, que la ruine du temps soit consommée pour qu'il tente d'en recouvrer l'essentiel. Affligé d'une inhabileté congénitale, il laisse périr le présent pour le faire revivre dans l'éternité du passé.

Où l'instant fait défaut, dit Kierkegaard, l'éternité surgit à reculons, dans le passé. L'*éternité de l'instant*, dans la contemplation poétique, ne doit pas être confondue avec l'*éternité dans l'instant* que Kierkegaard nomme l'*Augenblick*. Le « beau moment » du poète où le Moi, désensorcelé de l'immédiat, se défait et se rassemble dans la plénitude du silence est fondé sur le « *sentiment immédiat de la vie* » [1]. En lui se dévoile le contenu ontologique de la sensation originelle qui, amplifiée par les résonances du ressouvenir, allie son timbre pur à celui de « la réflexion à la seconde puissance » [2]. Cet état de grâce implique une acceptation de ce qui apparaît au prix de ce qui transparaît, un arrêt à la pointe de l'âme pareil à l'immobilité d'une balance où la perfection du moment tient en suspens l'irrémédiable. Découvrant dans l'acte même du dévoilement une compensation à la finitude de l'être, l'esprit de poésie compose avec la nécessité : l'hostilité se double ici de complicité. Iles submergées par le quotidien, les beaux moments ne sont reliés entre eux que par la solitude. La répétition ne peut rien leur ajouter, hormis celle du ressouvenir perpétué dans l'œuvre. Du chiffre secret de l'être dévoilé, le poème seul recèle la clef. Le « beau moment », s'il n'est

1. Maine de Biran. Les points de ressemblance entre Maine de Biran et Kierkegaard sont nombreux. Je ne puis ici les relever, mais il n'est peut-être pas inutile de signaler cette parenté spirituelle.

2. C'est pourquoi Kierkegaard considère l'esthétique comme la plus haute expression du premier immédiat.

secouru, la laisse échapper et réussit tout au plus à « introduire l'éternel dans le temporel d'une manière toute fantastique… Est-ce que je rêve ou est-ce l'éternité qui rêve en moi ? »[1].

Tout autre, la collision de l'éternel et du temporel au sein de l'instant. Ce n'est pas l'affleurement silencieux de l'éternité dans le ravissement, mais l'intrusion violente de la durée infinie dans la durée finie, faussant à jamais la balance et les poids et les mesures humaines. Écartelé entre le premier immédiat de la sensation et le nouvel immédiat du mouvement vers Dieu, l'homme ne connaît plus de halte ni de répit. Cet infini auquel il se heurte et se meurtrit, il l'enfante – là est le paradoxe – toujours à nouveau. Le « beau moment » se suffit à lui-même et s'achève en nostalgie créatrice. L'« instant », par contre, ne serait rien s'il ne contenait une possibilité illimitée de résurrection, si l'éternel en lui ne renaissait de l'éphémère et si cette douloureuse parturition n'était indéfiniment renouvelée.

L'instant exige d'être perpétuellement confronté à lui-même, confirmé dans la durée par la réitération du rythme primordial de résistance et d'abandon à Dieu, de fascination et de délaissement. La répétition ne fait qu'accentuer ce qu'il y a d'irréductible à l'homme dans l'être de Dieu : elle prolonge la guerre en perpétuant l'amour. Qu'il soit semblable au ruissellement de la source cachée ou à l'irruption d'un torrent de lumière dévastatrice, cet amour violente le repos en soi-même du désespoir non moins que la quiétude en soi-même de la

1. *Begriff der Angst*, p. 151, « Man zieht das Ewige phantastisch in die Zeit hinein… Die Stimmung ist beständig diese : träume ich oder ist es die Ewigkeit die von mir träumt ? ».

sérénité au centre des choses. Il engendre la joie et l'horreur : joie inexplicable « non pas au sujet de ceci ou de cela, mais le plein cri de l'âme, à pleine bouche et du fond du cœur », horreur d'être en présence de Dieu, « crainte et tremblement », pathos de la distance. Parce qu'il s'incorpore à une durée périssable dont il contrarie la tendance à la fuite et à la dispersion, l'amour n'est pas donné une fois pour toutes, il surgit en une « minute d'éveil », pour disparaître aussitôt. Son destin se joue tout entier sur la possibilité de répétition, c'est-à-dire de rénovation et de métamorphose. Et qu'est-ce que la « répétition » pour Kierkegaard, sinon la volonté de revivre et le refus de survivre, le mystère de la spontanéité reconquise, du jaillissement capté de la primordialité sauvegardée ? Il y va de l'intégrité de la durée humaine, du salut de la liberté. Seule, la répétition garantit l'authenticité, « le sérieux de l'existence », consacre le pouvoir qu'a l'homme de s'engager tout entier, par delà les prévisions de la vraisemblance. Il n'y faut voir rien de moins que « die erworbene Ursprünglichkeit des Gemüts dessen in der Verantwortlichkeit der Freiheit bewahrte, im Genuss der Seligkeit alt berechtigt behauptete Ursprünglichkeit » [1].

III

Toujours, chez Kierkegaard, ce double mouvement de la foi par lequel l'homme, en s'enfonçant dans sa propre solitude est soudain mis en présence de Dieu, et s'élançant vers Dieu se

1. *Begriff der Angst*, p. 147.

retrouve lui-même. L'existence humaine est façonnée, modelée par l'éternité qu'elle-même engendre dans l'instant. L'acte de transcendance – non pas un acte théorique mais un dépassement périlleux dans l'ordre du nouvel immédiat – fonde la personne dans la relation du soi à l'Autre, imprime une forme à sa durée.

Ni la seule éternité qui est un présent consistant où toute succession est suspendue, une parfaite plénitude de contenu (*das unendlich inhaltvolle Gegenwärtige*), ni la seule existence périssable qui est succession indéfinie (*eine Sukzession die vorbeigeht*), absence de présent, déperdition (*dahinschwinden*), ne déterminent les modes de la temporalité[1] : c'est la confrontation, le choc des deux durées au sein de l'instant qui suscite le passé, le présent et le futur et leur confère une signification absolue. Ainsi l'homme se définit dans sa durée même par sa volonté de faire obstacle à l'écoulement indéfini du temps, par sa révolte contre le néant. « L'instant est cet ambigu où le temps et l'éternité entrent en contact, et par là se trouve posé le concept de la temporalité où le temps arrache constamment à soi l'éternité et l'éternité pénètre le temps »[2].

Si la contemplation poétique dans le « beau moment » gravite vers le passé, la foi dans l'« instant » gravite vers le futur. L'avenir, dit Kierkegaard, est cet « incognito sous lequel

1. *Begriff der Angst*, p. 83, « In dem Ewigen ist die Unterscheidung des Vergangenen und Zukünftigen also wieder nicht zu finden, weil das Gegenwärtige nun als die aufgehobene Sukzession gesetzt ist ».

2. *Ibid.*, p. 86, « Der Augenblick ist jenes Zweideutige, in dem Zeit und Ewigkeit einander berühren, und hiermit ist der Begriff der Zeitlichkeit gesetzt, in der die Zeit beständig die Ewigkeit abreisst und die Ewigkeit die Zeit durchdringt ».

l'Éternel, qui est incommensurable à la temporalité, choisit pourtant d'entretenir une relation avec elle »[1]. Dans l'instant, l'existence tout entière ramassée sur elle-même, est sur le point de s'ouvrir à son extrême possibilité – la possibilité de liberté – et par là même se tend vers l'avenir qui l'incarne[2]. Cette tension, ce transport au-delà du présent, cette passion du risque absolu qui précipitent l'existence au-devant d'elle-même dans l'avenir, la contraignent du même coup à revivre son passé, à l'actualiser dans le ressouvenir. Ainsi du conflit de l'éternel et du temporel dans l'instant, le passé, à son tour, se ranime, entraîné vers l'avenir par le débordement du présent, non sous la forme du regret mais sous celle du repentir. Si la durée de l'instant s'égale à celle de l'existence tout entière, c'est qu'en elle se rejoignent et s'étreignent indissolublement dans leur vivante unité, le présent, le passé et l'avenir.

Cette fusion des trois modes de la temporalité n'a pas, dans l'instant, le caractère qu'elle affecte dans le « beau moment » : loin de permettre un répit, une détente extatique, une halte en les hauts lieux de l'existence, elle déchaîne la joie et le tourment, « la contradiction essentielle à la vie de l'homme existant, composé d'infini et de fini et placé dans le temps ». Le ressouvenir change de nature selon qu'il dévoile au regret l'éternité dans le passé ou au remords l'éternité dans l'avenir, et le passé lui-même se modifie selon qu'il est objet de contemplation ou sujet de rénovation. La lueur du pressentiment, à

1. *Ibid.*, p. 86, « …das Zukünftige [ist] das Inkognito in dem das Ewige, das ja für die Zeit inkommensurabel ist doch seine Beziehung zu der Zeit unterhalten will ».

2. *Ibid.*, p. 88, « Das Mögliche ist für die Freiheit das Zukünftige für die Zeit das Mögliche ».

l'horizon de la poésie et à l'horizon de la foi, n'illumine pas les mêmes espaces. Le silence comblé du présent dans le « beau moment » n'est pas « le plein cri de l'âme » dans l'instant. Rivé à lui-même et tiré hors de lui-même par l'appel fascinateur de l'éternité, l'homme déchiré, « pris dans la représentation absolue de Dieu », ne peut ni ne veut se dérober au conflit où il risque d'être broyé. C'est pourquoi la répétition est le salut ou l'écueil de la foi : écueil si le cri de contradiction est étouffé, si la blessure de l'existence atteinte par l'éternel se referme – chance de salut si le paradoxe conserve toute sa virulence, si l'Éternel qui est incommensurable à la temporalité ne cesse pourtant de la pénétrer.

Le commerce intime que l'homme a noué, dans l'instant avec son être originel – source inépuisable de toute spontanéité féconde – cesse-t-il d'être entretenu, l'habitude aussitôt usurpe la place de la répétition. La continuité du souffle est interrompue, le sentiment de l'intériorité (*Innerlichkeit*) se dessèche et le « sérieux », dont l'objet tout concret est l'existence même en tant que telle, cesse d'être une certitude passionnée conquise de haute lutte. N'ayant plus communication avec ses racines, l'homme substitue le monologue de l'introspection au dialogue de l'intériorité. Où manque le « sérieux », il n'est pas de répétition créatrice ni d'existence soustraite au rabâchage de l'habitude, au reniement et à l'oubli. « Lorsque la spontanéité originelle est acquise et sauvegardée dans le sérieux, il existe une succession et une répétition; mais dès que, dans la répétition, la spontanéité fait défaut, il n'y a plus que l'habitude »[1].

Le poète qui « répète » dans sa louange la fuyante beauté du réel, à jamais vivante dans le ressouvenir, et lui fait don d'éternité, le héros de la foi qui « répète » le risque et renouvelle le péril de sa rencontre avec Dieu, possèdent l'un et l'autre le secret de l'« Ursprünglichkeit », de la spontanéité reconquise, préservée, ont su l'un et l'autre capter la source de l'amour caché dont l'origine se dérobe à toute investigation. Mais si le poète tolère que les moments de dévoilement, incommensurables à la réalité commune, demeurent impuissants à la bouleverser de fond en comble, le héros de la foi ne peut admettre que la minute d'éveil où, selon, l'expression énergique de Kierkegaard, « das Dasein das dagewesen ist tritt jetzt im Dasein », soit engloutie dans la succession infinie du temps. Dès lors qu'elle échoue dans la répétition, la foi n'est qu'un mode de sensibilité et non un pouvoir victorieux des intermittences et créateur de métamorphoses. L'amour désarmé, incapable de « tuer la mort pour la transformer en vie », d'abolir la « loi d'indifférence » qui asservit le monde, est une duperie[2].

1. *Begriff der Angst*, p. 448, « Wenn die Ursprünglichkeit im Ernst erwoben and bewahrt wird, so gibt es eine Sukzession und eine Wiederholung, sowie nun die Ursprünglichkeit in der Wiederholung ausbleibt, ist die Gewohnheit da ».

2. C'est bien la conclusion à laquelle arrive Proust.

IV

Autour des deux thèmes contrastants de la répétition et de l'habitude, Kierkegaard enroule les arabesques lyriques de son récit. Constantin Constantius tente un pèlerinage ironique et sentimental pour faire l'épreuve de la répétition. Mais en vain, elle lui échappe : « captif captivé du ressouvenir », il s'égare sur une fausse piste, tournant le dos à l'avenir. Rien n'est plus morne qu'un retour vers la vie où l'on connut quelque bonheur. Tout est trop semblable et trop différent, tout irrite et déçoit. Il n'est d'impérissable que le « Regret souriant »[1], l'enchantement ambigu où « une réalité de rêve émerge, dans une confuse clarté, à l'arrière-plan de l'âme », et ne consent pas à mourir. La chatoyante amertume du poème décore d'images affranchies de lourdeur la poignante disgrâce de vivre. Constantin Constantius croit s'éveiller d'un rêve « pour voir la vie reprendre perfidement, en son élan irrésistible, tout ce qu'elle donne, sans accorder une seule répétition »[2]. Cette soirée au théâtre dont il espère on ne sait quelle confirmation, ne lui donne que de l'ennui. En vain souhaite-t-il « s'élancer dans l'abîme du rire, se détendre, jeté comme le vêtement du baigneur allongé au bord des flots du rire, de la joie et de l'allégresse bruissante »[3], tout s'achève dans la sécheresse et la poussière des réflexions. La bienheureuse fatigue du rire ne parvient plus à désarmer en lui le veilleur lucide. Répétée, la

1. Baudelaire.

2. *La Répétition*, p. 101.

3. Tout ce que Kierkegaard dit d'admirable au sujet du théâtre et des acteurs est d'une étrange actualité.

farce perd tous ses prestiges; l'infaillible attrait qu'elle exerce sur un esprit « nourri du puissant aliment de la réalité »[1] finit par s'émousser. Les « moments fortunés » ne sont eux-mêmes que des mirages; « il n'est jamais permis à l'homme d'être absolument content, de toutes les manières, pas même une pauvre demi-heure dans toute sa vie »[2]. Au-delà, « l'océan infini du silence » où il se désaltère devient une mare stagnante au bord de laquelle, en vain, il s'attarde. Le démon d'ironie, en Constantin Constantius, illustre la revanche que la réalité commune, un instant dépouillée au contact de l'éternel, de son auréole d'évidence indiscutée, prend sur tout ce qui élude son autorité. Le démenti constant qu'elle oppose à l'incommensurable félicité du moment fortuné», la dérision dont elle châtie les premiers tâtonnements d'une vacillante liberté, dissipent le fantôme de l'éternité entrevue. Il suffit d'un grain de poussière dans l'œil, il suffit d'un rien, pour que le néant reprenne ses droits, pour que s'écroule le fragile édifice de l'extase et soient pollués ces instants sacrés où l'être est « transparent comme l'abîme profond des flots, comme le silence paisible de la nuit, comme le calme sans écho de midi »[3].

À son retour, Constantin Constantius ne retrouve finalement que la désolante et consolante monotonie de l'habitude « dont la puissance d'engourdissement dépasse de beaucoup celle de la distraction la plus capricieuse et qui prend avec le temps une force croissante comme une formule magique »[4].

1. *La Répétition*, p. 103.
2. *Ibid.*, p. 104.
3. *Ibid.*, p. 91.
4. *Ibid.*, p. 109.

L'échec de la répétition assure le triomphe d'un irréparable destin; l'existence asservie est livrée à une habitude qui lui dissimule son néant. L'ironie s'éteint et ses jeux cessent dans l'obscurité envahissante de l'angoisse. Les accents désolés de l'invocation à la mort qui termine le récit de cette tentative manquée retentissent dans le vide d'un univers inconsistant. « Pourquoi personne n'est-il jamais revenu de chez les morts ? Parce que la vie ne sait pas captiver comme la mort, parce que la vie ne possède pas la persuasion comme la mort. La mort persuade à merveille, pourvu qu'on lui laisse la parole sans répliquer; alors elle convainc instantanément, et jamais personne n'a eu un mot à lui objecter ou n'a soupiré après l'éloquence de la vie » [1].

Tandis que Constantin Constantius, résigné, arpente sa chambre de long en large, en savourant amèrement sa déception, le jeune homme s'insurge et refuse de souscrire à sa défaite. Il a échoué, certes, il n'a pas su « tuer la mort, pour la métamorphoser en vie ». Mais il a connu, en dépit des intermittences d'un sentiment rétif, le soulèvement de la passion, la morsure du néant à même son amour. « Es muss Wahrheit sein, dass der Mensch, indem er auflebt, sich sofort ausgelebt hat ». À peine naît-il à la vie que l'homme a déjà cessé de vivre. Ce qu'il saisit de l'existence dans cette courte flambée suivie d'une prompte mort, c'est à la fois sa discontinuité fondamentale et sa possibilité de continuité, un vide vorace que rien ne comble et une plénitude sans cesse renaissante. À travers les déchirures de la passion, une vérité se fait

1. *La Répétition*.

jour dont s'empare le désir d'éternité. Kierkegaard a beau dénoncer « le mensonge de la subjectivité » engluée dans l'immédiat, il ne peut qu'il ne décèle une tentative de délivrance, avortée, mais authentique, dans l'élan qui précipite l'amour contre l'obstacle où il se brise. Le héros de *La Répétition*, s'il n'ose encore, après sa déception, s'aventurer dans le nouvel immédiat de la foi (*die neue Unmittelbarkeit*), se trouve à jamais dépaysé et sans refuge dans la réalité commune. La torturante humiliation que lui infligent son impuissance à se donner et son vertige à l'approche du bonheur, le laisse tendu, prêt à quelque saut dans l'inconnu, qu'il n'accomplira jamais. Son amour même, « irréalisable au sens humain », l'amène à la frontière du prodigieux. Quoi qu'il fasse, il ne parvient pas à rompre le cercle enchanté que la solitude a tracé autour de lui. Approche-t-il de l'aimée, c'est comme s'il étendait la main vers une ombre. Loin qu'elle s'impose à lui dans sa vérité vivante, irréductible, elle ne peut que le révéler à lui-même en se heurtant à son incommunicabilité. La jeune fille est en quelque sorte « la limite de son être ». En la faisant, malgré lui, « évanouir comme un songe » à l'instant même où elle devrait incarner pour lui toute la réalité, il bute contre une borne infranchissable qui ne peut être abolie « qu'en vertu de l'absurde ». Tant s'en faut, cependant, que cet amour ne soit fervent, mais, démuni de toute foi en son objet, comment s'assurerait-il de sa véritable destination ?

Seule l'absence apaise un être que toute présence humaine accable, fût-ce celle de l'aimée. Le jeune homme fuit et l'abandonne : pourra-t-il oublier, sans cesser d'exister, ce que le bonheur des premières rencontres et fiançailles rompues lui ont appris? L'oubli n'est-il pas ici désaveu de soi, complaisance à la bassesse d'une vie « indifférente »? Son échec l'a mis en face de lui-même. Il a tout perdu, et « de telle manière que personne ne sait comment la chose s'est produite ». De quel secours est dès lors la raison? Elle ignore tout de « ce tiers dont personne ne sait d'où il est sorti, ce tiers qui l'a métamorphosé d'un coup de baguette magique ». Elle refuse d'entendre « ce que la folie et la mort ont à dire sur l'existence ».

De héros de *La Répétition*, comme Kierkegaard lui-même, voudrait bien maquiller de noblesse une misère dont l'origine est inavouable. Si l'aimée pouvait être promue inspiratrice et muse, ou mieux encore si elle devenait l'appât providentiel que Dieu met à l'hameçon pour attirer à lui le jeune homme, l'humiliation de l'échec serait moins cuisante. Ces interprétations tendancieuses, Kierkegaard, il est vrai, les met dans la bouche du confident, mais il laisse échapper l'accablante vérité en l'un de ces aveux à moitié involontaires que lui arrache son ardent besoin de confession sans cesse réprimé : « à tout considérer en cette affaire, dit Constantin Constantius, il [le jeune homme] *est du premier coup devenu un vieillard* ». Et c'est cela même qu'il importe à tout prix de dissimuler. « La tragédie, écrit Léon Chestov, c'est l'absence de toute issue; or il n'y a là rien de beau, rien de grand; ce n'est que laideur et misère. Les vérités générales et nécessaires non seulement ne soutiennent pas l'homme, tombé dans une situation sans issue, mais elles font tout, au contraire, pour l'écraser définitivement »[1]. Et même les plus précieuses vérités parti-

1. Voir les pages que Chestov consacre à Kierkegaard dans « Dans le Taureau de Phalaris », *Revue Philosophique*, mars-avril 1933.

culières comme la poésie et la nostalgie de la foi, abandonnent le jeune homme dans la situation inextricable où il patauge lamentablement. Comment savoir si l'« infinie résignation » n'est elle-même un piège de la puissance qui pétrifie « et dont nul ne sait d'où elle vient » ?

V

Le premier mouvement de lâcheté humaine, dans la souffrance, c'est le reniement de soi. L'homme n'est satisfait que s'il lui est loisible de considérer sa souffrance comme une punition, une représaille de Dieu ou du destin. Il ne tolère pas l'outrage du hasard : s'il souffre, c'est qu'apparemment il l'a mérité. Ou encore, pour désarmer la fatalité qui le presse, il feint de se substituer à elle pour contresigner ses arrêts. À la dernière extrémité, il invente un « amor fati », une infinie résignation, pour se soustraire à l'offense anonyme du malheur. Je souffre, dit-il, *donc* je suis coupable. Et ce *donc* est la mesure exacte de son manque de foi, s'il est vrai que la foi suppose tout d'abord le courage de ne pas chercher d'atténuation au « tel quel » de l'existence dans l'idée du châtiment nécessaire.

À l'heure où l'homme bafoué cesse de se protéger contre le destin et d'imaginer un ajustement rassurant entre la faute et la sanction, à l'heure « où tout est arrêté, la pensée bloquée, la langue réduite au mutisme », les secours du « général » et les consolations de la beauté s'avèrent inefficaces. En son angoisse, le jeune homme « a recours à un penseur privé qui se retire du monde après avoir conçu la gloire… » : il s'adresse à

Job qui, dans les tourments, ose contester avec Dieu. Le refus de Job constitue le défi le plus violent à l'infinie résignation, à l'« amor fati », à toute sagesse humaine jamais lasse de solliciter et de se soumettre un monde rebelle. Son cri, son adjuration partent de la solitude absolue où l'homme, enfermé dans sa souffrance, apprend ce qu'il en coûte de renoncer aux secours humains. « Parle, dit le jeune homme, élève la voix, parle fort, Dieu peut bien parler plus fort, lui qui dispose du tonnerre, mais le tonnerre est une réponse, une explication certaine, digne de foi, de première source, une réponse de Dieu lui-même et qui, même si elle foudroie, est plus magnifique que les commérages et les potins sur la justice de la Providence inventés par la sagesse humaine et colportés par de vieilles bavardes et des eunuques ! »[1].

En ces quelques lignes palpite le souffle de l'héroïsme kierkegaardien, le plus exigeant qui soit. Cette « réponse de Dieu lui-même », cette explication de *première source*, Kierkegaard, comme le jeune homme de *La Répétition*, ne cesse de l'attendre, dût-elle le foudroyer. Ce qui l'attire en Job, c'est précisément la violence du refus, le mépris des « explications de seconde main », des succédaires et des sophismes dont la sagesse fait commerce, c'est la révolte qui le met « dans un *rapport d'opposition strictement personnelle à Dieu* ».

Sur le plan de la foi, la résignation d'Abraham qui espère qu'en vertu de l'absurde, Isaac lui sera rendu[2] et la protestation de Job qui exige, en vertu de l'absurde, que Dieu lui réponde s'équivalent : l'espoir insensé d'Abraham rejoint la colère de

1. *La Répétition*, p. 144.
2. *Crainte de Tremblement*.

Job. Et cet « espoir » et cette colère rompent l'enchaînement rassurant de la faute et du châtiment que la raison a forgé pour dissimuler l'incohérence du devenir. Non plus qu'Abraham lui-même, Job ne tente de justifier l'exigence démesurée de Dieu. Il ne souffre pas que soit dissimulée l'irrémédiable *absence de signification* qui est au cœur de l'existence et rejette tout accommodement avec la Providence qui prétend la passer sous silence. La grandeur de Job, dit Kierkegaard, « réside en ce que, chez lui, la passion de la liberté ne se laisse pas paralyser ou calmer par un sophisme ». À l'encontre de « toutes les considérations humaines », Job maintient le bon droit de sa cause perdue et refuse de ratifier les décrets de la « justice divine ». Nul ne réussira à lui extorquer un aveu de culpabilité. Il résiste aux sollicitations de ses amis, écarte les tentations d'apaisement, de soumission, d'accord auxquelles ceux-ci voudraient qu'il succombât. Dans la totale impuissance où Dieu l'accule, Job ose s'en prendre à celui qui l'a défiguré et scandaliser la raison par ses clameurs insensées. Il ne se laissera pas dérober son unique liberté, celle de ne pas adorer la contrainte qui l'écrase.

Ainsi vu, l'héroïsme kierkegaardien se situe sur un tout autre plan que l'héroïsme nietzschéen. Certes, ils ont jailli tous deux du conflit insoluble entre la passion de la liberté et la passion du destin. Mais chez Nietzsche l'éternité est une fatalité inhérente à la durée cosmique ; la volonté d'héroïsme culmine dans l'idée du retour éternel qui infléchit et corrige la ligne de progression indéfinie suivant laquelle la vie se surmonte. Chez Kierkegaard, au contraire, l'éternité est à la fois immanente et transcendante à la durée de l'existence finie : la condition humaine, dès lors, ne peut être surmontée. Point de place pour le surhumain entre l'homme et Dieu. La volonté héroïque s'affirme dans la confrontation avec Dieu de l'homme *tel qu'il est*, dans l'effort toujours recommencé pour s'emparer de l'éternité dans l'instant et fondre l'instant dans la durée.

Ce que Kierkegaard met en relief dans le dévouement absolu d'Abraham comme dans l'opposition acharnée de Job, c'est avant tout l'héroïsme d'« être soi-même devant Dieu » : « dieses Wagnis der Demut und des Stolzes : vor Gott sich selbst zu sein ». Il importe, répète Kierkegaard, de bien souligner ce « devant Dieu » car c'est là que toute particularité, toute unicité a sa source et son origine : l'homme devient ce qu'il est dans un dépassement de soi qui le met en présence de Dieu[1]. Et c'est uniquement en Dieu que le jaillissement ne tarit pas, que la spontanéité ne tourne pas court. Ni l'être-pour-soi de la contemplation esthétique, ni l'être-pour-autrui de l'éthique ne fondent la relation essentielle de l'homme à sa propre existence. Seul l'acte de transcendance qui le jette en face de Dieu lui permet de surprendre sa sonorité originelle, de découvrir son être primordial : c'est un *acte secret*.

Partout, chez Kierkegaard, l'on entend cette pédale du secret qui soutient la progression passionnée de la pensée. L'inviolabilité du silence est la condition même de la foi : « Il est essentiel pour la foi qu'elle demeure un secret, qu'elle le soit pour l'être isolé : celui qui au moment même où il la

1. « Erst mit dem Glauben fängt der Einzelne sein Leben an ».

proclame n'en préserve le secret, ne croit pas »[1]. L'amour qui éveille l'homme et le révèle à lui-même est essentiellement un amour caché : « la vie secrète de l'amour est, au plus profond de l'homme insondable, et insondable est sa relation à l'existence tout entière »[2]. On ne croit pas à l'amour parce qu'on l'a identifié, mais bien au contraire, il faut en posséder le secret pour le reconnaître. Ce qui est décisif dans l'acte de foi, ce n'est pas le contenu manifeste, toujours indéterminé, mais l'inimitable « comment », l'impulsion, le mouvement même qui l'accomplit, l'intériorité dont il émane. « Es kommt darauf an *wie* die Tat getan wird ». Cet acte dont on ne peut ni prévoir les conséquences, ni supputer les bénéfices, Kierkegaard dit que « l'humilité et la fierté » en assument le risque et la responsabilité. Au seuil de sa jeunesse, alors qu'une première expérience lui entrouvre un monde inconnu, déjà il a joint ces deux termes indissolublement. Humilité dans le tourment d'être cloué à soi-même par « l'épine dans la chair », – fierté dans l'inexplicable joie d'être soi-même, à la mesure de Dieu seul, ne fût-ce qu'à certaines minutes sans pareilles, – orgueil de cette « force » qui fait dans l'immédiat figure de maladie, sont, chez Kierkegaard, les aspects contradictoires d'une seule et même passion. L'humilité et l'orgueil ne s'opposent qu'à une température peu élevée, à une faible tension de l'âme. Chez un

1. *Leben und Walten der Liebe*, « Für den Glauben ist es wesenwach dass es ein Geheimnis ist, dass er für den Einzelnen ist : wer ihn nicht auch indem er ihn bekennt als ein Geheimnis bewahrt, der glaubt nicht ».

2. *Ibid.*, p. 10, « Das geheime Leben der Liebe ist im Innersten, unergründlich, und so wieder in einem unergründlichen Zusammenhang mit dem ganzen Dasein ».

Kierkegaard comme chez un Dostoïevski, ils sont à l'origine de ce « pacte des larmes » conclu avec Dieu dans le délaissement de la solitude.

VI

C'est à Job que le jeune homme de *La Répétition* fait appel pour l'aider à défendre « cette fierté, cet honneur » qui lui furent incompréhensiblement ravis. Job, comme Abraham, ne détient-il pas le secret de la répétition, la vie ne lui fut-elle pas rendue « quand toute certitude et vraisemblance humaines convenables firent défaut » ? Frustré des biens terrestres par les sortilèges du « tiers inconnu », exclu de la solidarité humaine, le jeune homme attend cependant comme un orage libérateur, le miracle de la répétition qui les lui restituera.

Mais encore, quelle est cette réalité qu'Abraham et Job retrouvent contre toute attente ? Est-ce le « général », ainsi que Kierkegaard l'affirme dans *Crainte et Tremblement*, l'éthique rejointe par le détour de l'absurde ? C'est ici qu'il importe de déjouer les ruses et les feintes auxquelles Kierkegaard, habité par un secret qu'il ne veut trahir, a sans cesse recours. Une remarque de Constantin Constantius, jetée comme en passant, prouve indiscutablement qu'il n'était nullement convaincu du bien-fondé de son identification du général avec la répétition : « Il [le jeune homme] explique le général comme étant la répétition *tout en la comprenant d'une autre manière* ». C'est précisément ce que fait Kierkegaard lui-même : l'explication qu'il donne de la répétition dans *Crainte et Tremblement* ne correspond nullement à son expérience personnelle. La possibilité d'un retour au général après le saut dans l'absurde n'est qu'un postulat. Il est permis de se demander si une volonté assez puissante pour franchir la frontière du prodigieux et reculer dans l'absurde les limites du possible, peut s'insérer dans la réalité commune sans l'anéantir. Pour Kierkegaard, quoi qu'il advienne, cette réalité ne deviendra jamais une patrie, moins encore le lieu d'une répétition authentique. Retranché du général, séparé de l'objet de sa ferveur, de l'amour qu'il chante et glorifie, par un obstacle insurmontable, il demande en vain à la « seconde puissance de la conscience » une répétition qu'elle ne peut lui donner. Même vaincu, cependant, Kierkegaard demeure indomptable. Il lui reste à s'emparer du pouvoir qu'il convoite par-dessus tout : celui de transformer la souffrance en épreuve.

Bien qu'elle en soit le thème central, l'idée d'épreuve, dans *La Répétition*, demeure encore mal éclaircie. Comment la substituer au mythe du châtiment mérité en évitant l'écueil sur lequel échouent toutes les philosophies : l'optimisme édifiant ? La philosophie, a dit Kierkegaard, « doit désespérer ou accepter l'optimisme ». Il n'est pas d'exemple qu'elle ait choisi de désespérer… De cet optimisme, Kierkegaard, même lorsqu'il en subit la contagion, n'a jamais voulu. Va-t-il y succomber ? Les développements ultérieurs de la notion d'épreuve, dans les *Discours édifiants*, montrent qu'il n'en est rien. La tension du paradoxe ne s'y trouve nullement atténuée.

Seul l'amour qui renonce à la crainte d'être dupe, abandonne les calculs et les probabilités de la sagesse, « croit tout et n'est jamais trompé, espère tout et n'est jamais confondu »[1]. La souffrance est épreuve pour celui-là même qui, aimant infiniment, se veut toujours insolvable et revendique le droit d'avoir à jamais tort devant l'objet de son amour. Ce qu'il donne le rend débiteur, ce qu'il prodigue l'engage et le met en défaut. Libre de toute mesquinerie, dédaigneux des précautions de la méfiance, il ne craint pas d'être déçu en croyant tout, mais redoute d'être trompé en ne croyant rien. Un tel amour, en sa brûlante prodigalité, ose assumer le risque d'un espoir insensé, d'une confiance absolue. Loin de subir l'épreuve ou de s'y soumettre, il l'attend, l'appelle et la provoque. L'étroitesse, le resserrement, l'absence d'issue même lui sont un chemin : « Nicht der Weg ist eng sondern die Enge ist der Weg ». Il mesure sa puissance à la douleur qu'il convoite et tient le malheur pour un bonheur puisque en lui seulement l'incompréhensible parole de Dieu peut être perçue. Il n'y a dans tout malheur, dit Kierkegaard, qu'un seul danger pour celui qui aime, c'est qu'il refuse de croire que le malheur est un bonheur ». En cet amour se rejoignent la haine de soi et le suprême égoïsme, le don de soi et l'affirmation de soi-même. « Aimer Dieu, c'est, en vérité, s'aimer soi-même » d'un amour qui s'accomplit dans la plénitude du sacrifice. Aussi bien, la volonté de transmuer le mal en épreuve, la contrainte en liberté, ne saurait-elle modifier que le rapport de l'homme à sa propre souffrance. Au-delà de cette limite, les paroles d'Ivan Karamazov à Aliocha – j'accepte Dieu, je n'accepte pas le monde – font écho aux cris de Job.

1. *Leben und Walten der Liebe*, p. 232 et 253, « Die Liebe glaubt alles – und wird doch nie betrogen. Die Liebe hofft alles und wird doch nie zu Schande ».

La notion d'épreuve se vide de tout contenu hors de la passion qui la crée et de la relation « strictement personnelle » à Dieu. Et le repentir même n'est que l'expression, tout à la fois, de la pénurie et de la surabondance de cette passion. La faute est sans repentir, c'est au contraire le remords, ce regret brûlant de l'amour en face de l'objet auquel il se dédie, qui découvre le péché dans la différence absolue entre l'éternel et la durée périssable. « Was anders verbindet Zeit und Ewigkeit als die Liebe die ebendarum über allem steht und bleibt wenn alles vorbei ist? »[1]. L'amour seul relie le temps à l'éternité, engendre l'instant où la réalité présente qui n'est toujours que du passé, se brûle à l'avenir qui est une possibilité d'éternité. Soumis, comme toute autre passion, aux intempéries de la durée, cet amour menacé se veut constant au sein de la finitude, et ne persiste qu'en renaissant perpétuellement de lui-même en métamorphosant la mort en vie. Toute répétition est subordonnée à la résurrection de l'amour dans la souffrance transformée en épreuve.

Une petite phrase, dans *La Répétition*, présage l'ampleur qu'atteindra l'idée d'épreuve chez Kierkegaard. « Job eut-il raison? Oui! à jamais *en ce qu'il eut tort devant Dieu* ». Abraham et Job accomplissent cet exploit de la confiance absolue : avoir raison en ayant tort devant Dieu. Le réel leur fut restitué, sur la ruine du général. Ce monde du réel que l'amour étreint et délaisse, quitte et retrouve, dissipe la fiction de l'immuable et les mirages d'une fausse éternité. « La plus dangereuse des échappatoires pour se soustraire à l'amour,

1. *Leben und Walten der Liebe*, p. 7.

c'est prétendre aimer cela seul qui est invisible ou que l'on n'a jamais vu »[1]. Nul ne le savait mieux que Kierkegaard lui-même.

VII

Non plus que Constantin Constantius, le jeune homme ne parvient à connaître la répétition dans la foi. Ce qu'il découvre, après la tourmente où il a failli sombrer, c'est la continuité poétique d'un moi qui se possède enfin dans la passion subjuguée par le désir de parfaire et de perpétuer une réalité inaccomplie. L'orage si fiévreusement attendu qui devait l'anéantir pour le ressusciter et le rendre à la vie, a-t-il jamais éclaté ? Certes, la nouvelle du mariage de la jeune fille aimée le délie et le restitue à lui-même, mais ce moi ainsi recouvré n'a subi aucune métamorphose. Dans une explosion de lyrisme, le poète célèbre l'inépuisable richesse de l'univers intérieur : « Je suis de nouveau moi-même. Ce moi qu'un autre n'a pas voulu relever sur la route, je suis rentré en sa possession. La discorde de mon être a cessé, je rassemble mes membres épars »[2]. Et il ne se lasse pas de bénir l'enchantement de la solitude retrouvée, de cette solitude étrangement peuplée « où les idées rugissent avec la fureur des éléments, où les pensées sont

1. *Leben und Walten der Liebe*, p. 168, « Die gefährlichste der Ausflüchte durch die man sich der Liebe entzieht ist die, dass man allein das Unsichtbare oder das was man nie gesehen, lieben wolle ».

2. *La Répétition*, p. 181.

déchaînées dans le tumulte… où l'on met à chaque instant sa vie en jeu, pour la perdre et la regagner à chaque instant »[1].

Le héros de la foi veut se mesurer à la souffrance *dans le présent* parce qu'elle « l'aide à plonger son âme de plus en plus profondément dans le souci pour y trouver le témoignage de Dieu ». Le poète accepte et justifie la douleur *dans le passé* parce qu'elle lui a donné accès à lui-même. Il refuse de choisir dans l'inouïe diversité, dans la multiplicité protéenne de son être : en lui, toutes les aspirations ont également droit à la réalisation, toutes les nostalgies, à l'assouvissement. À l'intégrité de la volonté tendue vers un but unique (*der Freimut nur Eines zu wollen*) qui ruinerait l'univers intérieur dont il tire son œuvre, le poète oppose l'ambiguïté du désir sollicité par un objet ondoyant et multiforme.

Chez le jeune homme de *La Répétition*, l'inexprimable révélation de la foi s'obscurcit après avoir donné un nouvel essor à ses facultés créatrices et mis au jour ses virtualités poétiques. « Son art même, nous dit Constantin Constantius, repose sur un sentiment religieux qui reste cependant tout intérieur et qu'il garde comme un secret inexplicable pour lui, alors que ce secret l'aide à expliquer poétiquement la réalité »[2]. Cet aveu nous fait toucher du doigt la difficulté qui nous arrête au seuil de l'énigme personnelle de Kierkegaard. Est-ce l'esprit de poésie qui aiguise en lui la faim de croire et le désir d'une « réponse de première main », qui éveille l'insatiable « passion de la liberté » ? Ou au contraire, est-ce « l'inexplicable secret de la foi » qui l'aide non seulement à

1. *Ibid.*, p. 182.
2. *Ibid.*, p. 194.

« expliquer poétiquement la réalité », mais à vivre la réalité poétique? Il n'est pas certain que cette question puisse être ainsi posée. Kierkegaard, comme Dostoïevski et Baudelaire, est profondément fasciné par Dieu. Si puissante cette fascination qu'elle bouleverse tout son être et rend impossible, ailleurs que dans l'abstrait, le départ entre la poésie et la foi. Il demande à la poésie plus qu'elle ne peut lui donner et n'ose exiger de sa foi tout ce qu'il soupçonne qu'elle pourrait lui accorder. C'est qu'il éprouve jusqu'au vertige l'angoisse d'être acculé à Dieu. Cette frontière que Kierkegaard a tracée entre la poésie et la foi, elle n'est peut-être qu'un vestige de sa peur, une précaution contre lui-même. L'intuition poétique qui lui dévoile le monde resserré de l'existence, ne fait qu'accroître, avec sa lucidité, le désir de ne pas s'évader dans l'imaginaire, de ne pas « nommer Dieu son impuissance et son désespoir » [1]. Trouver en Dieu non un refuge, une issue, un remède à l'incurable malaise de vivre dans l'aujourd'hui, mais le risque d'une vie nouvelle, et le péril du salut, tel est peut-être le nœud de l'angoisse chez Kierkegaard comme chez Dostoïevski.

Quel que fût son acharnement à soumettre sa foi à l'épreuve du réel, à la confronter sans cesse à tout ce qui la menace ou l'ignore et la nie, il ne put se soustraire à la « force inconnue » qui le terrassait. La résurrection qu'il appelait de tout son pouvoir ne lui fut pas accordée, le cri de la contradiction ne se tut qu'à son agonie. Ni la grâce, ni le pardon de Dieu ne lui rendirent jamais l'innocence.

1. Nietzsche, *Wille zur Macht*.

> Je suppose, dit-il, que quelqu'un ait eu le courage inouï de la foi et croie en vérité que Dieu a littéralement oublié ses péchés. Qu'arrivera-t-il ? Tout est oublié. Il est un nouvel homme. Mais aucun vestige n'est-il demeuré ? Serait-il possible, après cela, qu'un homme parvînt à vivre avec l'insouciance d'un adolescent ? Impossible ! Comment admettre que celui qui a cru effectivement au pardon de ses péchés soit demeuré assez jeune pour devenir amoureux (*um sich erotisch zu verlieben*) ?

Mieux que tout autre, ce texte met à nu la fatale impuissance qui frappe Kierkegaard dès qu'il cherche, dans la foi, à transcender la catégorie du désespoir. En elle, comme dans l'amour, « il est du premier coup devenu un vieillard » avant même que d'avoir vécu. Il ne lui reste que cette « intuable » jeunesse dont la poésie lui fit présent, la seule, au reste, qu'il eût connue. « N'ayant jamais été jeune, avoue-t-il, je devins poète, ce qui est une deuxième jeunesse ». A-t-il vraiment souhaité qu'Eurydice lui fût rendue, ou s'est-il laissé persuader par la mort et n'a-t-il ardemment souhaité que d'être arraché à l'amour, extirpé de la vie avec toutes ses racines et livré à l'éternité ?

Pourtant, quelle ne fut sa détresse d'avoir perdu Régine[1] ! C'est sans nul doute pour la tenir en suspens qu'il écrivit *La Répétition*, pour la faire hésiter et l'empêcher à tout prix d'en épouser un autre. Avec une savante perfidie, il laisse subsister on ne sait quelle lueur d'espoir tout en multipliant les aveux décourageants et les éclaircissements les plus nets. Si expert que soit Kierkegaard dans l'art diabolique de doser la sincérité et la dissimulation, la vérité transparaît malgré lui.

1. Régine Olsen, la fiancée de Kierkegaard.

(Mais est-ce bien malgré lui?...). Le dithyrambe que le jeune homme de *La Répétition* entonne à l'honneur de l'aimée sonne faux : il cache mal le dépit et la fureur. Kierkegaard a bien pu éprouver du soulagement lorsqu'il s'est vu déchargé de toute responsabilité à l'égard de Régine, il n'en a pas moins été profondément blessé par son mariage et ne le lui a jamais pardonné. Peut-être est-ce à partir de ce moment que s'éveille en lui la passion du mépris qui enflamme son génie polémique. L'ascétisme de Kierkegaard, vers la fin de sa vie, non moins que l'ivresse dionysiaque de Nietzsche, est alimenté, entretenu par cette envahissante passion. *Le Banquet*, à l'exception du merveilleux prélude sur le thème du ressouvenir et du finale apaisé, n'est qu'un tissu de sarcasmes haineux et de cinglantes railleries à l'adresse de Régine. La virtuosité meurtrière de cet écrit sert admirablement la colère déchaînée de Kierkegaard qui se venge de ne pouvoir garder une proie inutile. « Il est comique, écrit-il, de voir le sublime élan de l'amour (cette volonté de s'appartenir l'un l'autre pour l'éternité) finir constamment comme le sirop dans le garde-manger; mais il est encore plus comique que cette conclusion veuille passer pour l'expression suprême de l'amour »[1]. Le contraste entre la possibilité illimitée de l'amour et sa réalisation imparfaite engendre le comique dès que se relâche la tension du désir qui a fait naître cette disproportion. Si « le renversement des choses où l'on voit le plus sublime de l'âme s'exprimer dans le sensible le plus grossier » irrite et outrage Kierkegaard, c'est précisément qu'il est incapable de traduire dans la réalité

1. *Le Banquet*, p. 78.

sensible ce qui en lui est voué à l'éternel. Mais de son infirmité même, il s'est fait un tremplin d'où il s'élance dans l'inconnu. Son impuissance radicale d'aimer les êtres humains laisse subsister en lui une intarissable tendresse qui se précipite vers Dieu sans l'atteindre jamais : « Es ist schwer, nicht den zu finden den dem man, sich hingeben kann, aber es ist unaussprechlich schwer, sich nicht hingehen zu können ». Enfermé dans son unicité, Kierkegaard s'efforce en vain d'abattre les murs de sa cellule. Jamais son aride solitude devant Dieu ne se transforme en « volupté d'être seul avec Dieu » [1], – et c'est en cela que réside la rigoureuse authenticité de sa foi. Jusque dans l'amour, le don de soi-même lui demeure interdit, mais non la détresse, le désespoir, l'horreur de ne pouvoir se donner.

VIII

Dans la vie de Kierkegaard, il n'y a ni aventures, ni évasions. La mort de son père, ses fiançailles rompues, deux voyages à Berlin, le long martyre du ridicule dans un Copenhague provincial, voilà les seuls événements de cette existence déserte. Cela suffit pour infuser à son œuvre le contenu d'une vaste expérience humaine. Sa piété filiale anime les grandes figures qu'il trace d'Abraham et de Job ; son amour pour Régine fait palpiter le souffle des jeunes filles qui traversent les taillis de sa dialectique avec un murmure de source troublée. À chaque page de ses livres transparaît

1. Maurice Barrès.

l'angoisse qui le terrasse dans le « trou noir » où, de temps à autre, il est jeté. « Je m'y traîne, dit-il, dans le tourment et la douleur, je ne vois rien, nulle issue. C'est alors que s'éveille soudain en mon âme une pensée si vivante que je crois ne l'avoir jamais eue, bien qu'elle ne me soit point inconnue. Mais ce qui n'était auparavant qu'une union illégitime, cesse désormais d'être un mariage de la main gauche »[1].

Dans ce « trou noir » où il se terre après la rupture des fiançailles, ses idées ne s'éveillent à la vie que pour le mieux blesser. C'est ainsi qu'il les aime, dangereuses, nourries d'angoisse, mortelles : « Ich habe die Ideale geliebt die verwunden ». En elles, l'existence est interrogée sans ménagement, dévoilée dans ses antinomies, ses incongruités. Répugnant également à la gratuité et la contrainte, la pensée de Kierkegaard s'applique inlassablement à tout ce qui la déconcerte et la confond. Elle se maintient aux confins de son domaine, là où elle risque de s'abîmer dans l'absurde, là où les contraires ne peuvent être conciliés et où la philosophie, prise de panique, se cabre et recule. Aussi le paradoxe est-il la seule forme d'expression qui traduise à la fois sa richesse en contradictions et sa profonde unité.

Cette pensée du « trou noir » s'est formée non à l'école de la vraisemblance, mais à celle de la *possibilité*. Elle y a entendu, entre autre, « ce que la folie et là mort ont à dire sur l'existence » et appris que « l'honneur, la perdition, la

1. *Journaux intimes*, « Ab und an werde ich in das schwarze Loch gesteckt, dort krieche ich herum in Qual und Schmerz, sehe nichts, keinen Ausweg. Dann erwacht plötzlich ein Gedanke in meiner Seele so lebendig, als hätte ich ihn nie vorher gehabt, obgleich er mir nicht unbekannt ist, aber vorher war ich ihm gleichsam nur zur linken Hand angetraut, nun aber geschieht es zur rechten ».

destruction sont logées à la porte de chaque homme »[1]. Ainsi coulée dans le creuset de l'angoisse du possible, elle ne se laisse pas attaquer par les compromis de l'optimisme. « Celui qui a été formé par l'angoisse est formé par la possibilité, et seul celui qui a été façonné par la possibilité est façonné selon l'infini qui est en lui »[2].

Rompu à la dure discipline de l'angoisse, Kierkegaard ose plonger dans l'abîme de la possibilité, alourdi de tout le poids de l'existence concrète. De tels « exercices spirituels » exigent une confrontation incessante de la réflexion et de l'immédiat. Cette impatiente volonté de « réduplication » a d'ailleurs fait de la vie de Kierkegaard une sorte d'enfer. Souhaitant avec ardeur porter témoignage à sa foi, il en est réduit à n'en perpétuer que l'image dans son œuvre de poète. « Man dichtet anstatt zu sein ». Il a voulu sauver la poésie dans la foi et n'a réussi qu'à sauver sa foi dans la poésie, en célébrant l'« immuable » à l'aide de l'instrument même qu'il a consacré au culte de l'éphémère, « car ce que le poète chante doit avoir l'accent douloureux de l'énigme de sa propre vie : doit fleurir, hélas, et doit périr »[3]. C'est ainsi, et non autrement, qu'il a parlé de son amour pour Dieu, faute de pouvoir en vivre toutes les conséquences. Mais qu'importe ? La comédie du martyre chez Kierkegaard, de l'ivresse dionysiaque chez Nietzsche, du

1. *Begriff der Angst*.

2. *Ibid.*, p. 157, « Wer durch die Angst gebildet wird, der wird durch die Möglichkeit gebildet, und erst der, welcher durch die Möglichkeit gebildet wurde, ist nach seiner Unendlichkeit gebildet ».

3. *Leben und Walten der Liebe*, p. 9, « Denn was der Dichter besingen soll muss die Wehmut haben, die das Rätsel seines eigenen Lebens ist : muss blühen – ach – und muss vergehen ».

dandysme chez Baudelaire, donnent la mesure d'une difficile sincérité. Et doit-on oublier qu'elles se terminent par la folie et par la mort ? Investis du don prophétique et de la clairvoyance du regret, ces êtres, en raison même de leur lucidité et de leur effort désespéré pour atteindre à la transparence, ne trouvent en eux-mêmes qu'un redoublement de ténèbres.

La volonté héroïque de risquer sa pensée en la vivant et de risquer sa vie en la pensant, a entraîné Kierkegaard si loin dans la solitude qu'il lui arrive de vouloir rebrousser chemin. À ces tournants, lui qui n'a cessé de railler la synthèse hégélienne et l'identité des contraires[1], se hâte de se raccrocher au général ; un démon moqueur le livre, pieds et poings liés, à son ennemi intime, Hegel. Mais Kierkegaard a beau prétendre que « l'exception fondée se trouve réconciliée avec le général » et nous assurer « qu'elle travaille au bénéfice du général en s'élaborant elle-même jusqu'au succès », il ne nous persuade point. Fallait-il proclamer bien haut l'impossibilité de concilier certaines contradictions absolues pour donner si furieusement dans le panneau de la « médiation » hégélienne ? Quoi qu'il en dise, « l'exception énergique et résolue » ne peut, quand elle le voudrait, composer avec la réalité commune. Il ne lui reste dès lors qu'à « penser le général avec une passion énergique » et à l'affronter résolument. Kierkegaard, d'ailleurs, ne se lasse pas de répéter que le premier effet de l'amour de Dieu dans l'homme est de lui attirer le mépris et la réprobation du

1. Kierkegaard reproche à Hegel très exactement ce que Pascal reproche à Descartes : « Je ne puis pardonner à Descartes ; il aurait bien voulu, dans toute sa philosophie, pouvoir se passer de Dieu ; mais il n'a pu s'empêcher de lui faire donner une chiquenaude, pour mettre le monde en mouvement ; après cela il n'a plus que faire de Dieu », *Pensées*.

général. Il en sait quelque chose : ses violentes attaques contre Mynster, ses pamphlets meurtriers de l'*Augenblick* sont des épisodes assez sanglants de sa guerre privée contre la réalité commune.

« La crainte et le tremblement » qui l'obsèdent suscitent en lui une hostilité croissante pour le monde de la norme, quel que soit, à certains moments, son désir d'y rentrer. Telle est cette répugnance qu'il a soin de ménager à tout homme une issue hors du général, fût-ce celle du péché. « Tout homme est en un certain sens une exception »[1]. Le raccourci qui de l'« exception » qu'est chaque être humain mène à Dieu, ne passe pas par le général, il en éloigne.

En ses heures de lassitude, Kierkegaard se laisse suborner par le néant qui le pousse à capituler devant la nécessité camouflée en immutabilité divine. Il finit par doter Dieu lui-même des attributs du général[2]. Dès lors, l'héroïsme actif du bond dans l'absurde cède la place à l'héroïsme passif du martyre qui consacre le triomphe définitif de la nécessité transfigurée en un Dieu prisonnier de sa propre immutabilité.

Tout se passe comme si, dès l'instant où ils assument une mission prophétique, le Dieu qu'annoncent Nietzsche et Kierkegaard devenait une monstrueuse idole à laquelle finalement ils sacrifient *tout*. La passion de détruire se fait jour en eux, irrésistiblement, toujours plus exigeante, avide d'holocaustes. Le Dieu immuable de Kierkegaard, en ses dernières

1. Ce qui ne signifie pas, bien sûr, que le péché consiste à se séparer du général.

2. La catégorie ontologique de la nécessité, dit Léon Chestov, se transfigure en la catégorie éthique de l'immutabilité, à laquelle Dieu pas plus que l'homme ne peut échapper, « Dans le Taureau de Phalaris », *op. cit.*

années, la divinité dionysiaque de Nietzsche, avant la folie, ne sont plus que l'incarnation d'un tout-puissant instinct de cruauté. La loi sous laquelle Tolstoï voulait courber l'univers n'a plus rien du Dieu que Lévine avait invoqué un jour d'orage. La vie dionysiaque qu'exalte Nietzsche a perdu cette impalpable éternité – « das Wenigste, das Leichteste, das Leiseste » – qui le submergea tel jour d'été où il s'éveilla en plein midi d'un bienheureux sommeil. Au silence succède un éclat, un fracas, des foudres. Le Kierkegaard du « Kirchensturm », le Nietzsche d'*Ecce Homo*, archers ivres de polémique dont les flèches acérées vont se loger tout droit dans la chair malade de l'adversaire, cèdent enfin à un incoercible désir de vengeance. Aussi justes, lucides, aiguës que soient leurs attaques, on ne saurait s'y tromper; la solitude a accumulé en eux de la dynamite qui fait voler le monde en éclats. Ils se consument en l'idéal mortel qu'ils ont tiré de leur propre être, nourri de leur pensée et de leur sang – surhomme ou chrétien. À la veille d'être terrassés par la folie et par la mort, ils risquent pour lui leur existence même.

Ne prenons pas prétexte de l'idole pour méconnaître la divinité. Le style d'une haute passion révèle à la fois la memure et la démesure de l'homme. La dégradation d'un Dieu en idole laisse apparaître une infranchissable limite que Kierkegaard et Nietzsche ont voulu mais n'ont pu abolir. Leur défaite même « édifie » (construit), au sens tout kierkegaardien de ce terme.

Kierkegaard, on le sait, a surnommé Abraham « chevalier de la foi » ! Le « père de la foi » n'a que faire de ce titre, mais à qui, en vérité, conviendrait-il mieux qu'à Kierkegaard lui-même ? Chevalier sans espoir, n'a-t-il pas combattu pour une foi inaccessible dont il ne connaîtrait jamais le triomphe ? Qu'importe, le tourment de ce cœur tendre et aride ne peut prendre fin. Son appel, même étouffé, son cri, même étranglé, sa prière, même impuissante, dans le vide de la nuit, ne cessent de nous atteindre et de résonner de plus en plus distinctement en un silence que tous les fracas et toutes les clameurs ne parviennent plus à rompre.

Décembre 1933

EN MARGE DE *CRAINTE ET TREMBLEMENT* DE KIERKEGAARD

« ...dass das letzte Konfinium zwischen dem Aesthetischen und dem Religiösem in dem Psychologischen liegt »
(Stadien auf dem Lebensweg).

I

Kierkegaard, après sa rupture avec Régine Olsen, est dans un mortel désarroi. Libre enfin de céder à cette nostalgie de lui-même qui le tenaillait sans relâche lorsqu'il avait craint de ne s'appartenir plus tout entier, il vacille sous le faix d'une solitude durement reconquise. La pression extérieure de la réalité hostile, soudain, lui fait défaut ; dans l'atmosphère raréfiée, un affreux malaise s'ajoute à son tourment. Il faut qu'il parle et s'explique – longuement, minutieusement – avec Régine, avec lui-même. *L'Alternative*, *Crainte et Tremblement*, *La Répétition*, *les Stades sur le chemin de la vie*, écrits et publiés coup sur coup, en l'espace de trois ans, ne suffisent pas à vider l'interminable débat. Kierkegaard a beau tendre tous les ressorts de son être disjoint, il ne parvient plus à recouvrer la paix au sein de l'unité. La dialectique aiguë qui s'est élaborée dans ces écrits travaille d'abord à immuniser l'esprit, atteint en ses fonctions vitales, contre les poisons d'un souvenir obsédant. Elle continue ce long discours à soi-même, ce « rabâchage » intérieur par quoi l'homme s'efforce de pallier son impuissance à maîtriser une situation où cristallise son destin. Kierkegaard ne se lasse pas de revenir sur l'histoire de ses malheureuses fiançailles et d'en examiner jusqu'aux moindres détails. Ce qui fut perdu ou gagné au moment décisif de son existence, le saura-t-il jamais ?

Cet arrachement concerté, cette laborieuse rupture, à peine sont-ils consommés que les perspectives se brouillent. La nuit, déjà, envahit les lieux où deux êtres viennent de s'affronter. Et Kierkegaard n'est pas moins oppressé par l'incertitude que par l'angoisse d'avoir infligé un coup mortel à ce qu'il aime. L'ambiguïté de ses propres sentiments déconcerte sa clairvoyance. Il ne lui suffit point d'établir, à son propre usage ou à celui d'autrui, une version acceptable des faits qu'altère une fatalité intérieure. Pour exacte et fidèle que soit cette relation autorisée, elle laisse cependant échapper l'essentiel de l'indéchiffrable réalité. Aussi Kierkegaard n'en finit-il pas de nous présenter son aventure sous de multiples aspects, parfois contradictoires. Mais plus subtile la feinte, plus aiguë la tentation d'un impossible aveu qui, en la précisant, limiterait sa responsabilité.

A-t-il sacrifié son amour à Dieu ou à son intraitable orgueil, né d'une impuissance ? Sa défaite est-elle le châtiment de n'avoir pas osé l'impossible, ou l'épreuve préludant à une vie nouvelle ? Autant de questions auxquelles Kierkegaard est empêché de répondre. Même s'il confessait qu'il s'est attaché à subjuguer la jeune fille pour se convaincre que lui « le bâtard de la nature, l'infirme, le désespéré, le diable... à l'encontre de toutes les lois de la nature, pouvait se faire aimer » [1], même s'il avouait que la mort de Régine lui eût semblé mille fois préférable à l'éventualité d'exciter son dédain ou sa pitié, l'incertitude subsisterait entière.

Toute existence est lestée d'une vérité sur elle-même, qu'elle ne peut détacher de son être : vérité vécue qui ne se transforme jamais en vérité sue. Sans nul doute, les réticences de Kierkegaard en disent plus long que l'inutile franchise de maint témoignage sincère. Dans *Coupable ou non ?*, cette aride confession, tantôt voilée et tortueuse, tantôt précise et loyale, on assiste, non sans irritation, au tournoiement de l'idée obsédante, au piétinement des réflexions, au va-et-vient de l'esprit fiévreux, enfermé en lui-même. La bonne et mauvaise foi y sont si étroitement liées qu'il devient malaisé de discerner le vrai du vraisemblable. Nulle œuvre ne fait mieux connaître la nature de l'obstacle dont la connaissance de soi ne peut venir à bout.

Certes, Kierkegaard – encore qu'il n'en veuille pas convenir et s'empresse de noyer cette vérité humiliante dans un déluge de mots, d'analyses, d'explications – sait fort bien

1. *Schuldig ? Nichtschuldig ?*, p. 320.

qu'il a été *contraint* d'abandonner Régine. Gardons-nous, toutefois, de transformer en « cas » ce qui est la marque d'une prédestination. L'épilepsie d'un Dostoïevski, la folie d'un Nietzsche, tout comme la « santé » d'un Tolstoï ou d'un Gœthe, n'ont rien de fortuit. L'« hypocondrie » dont Kierkegaard est affligé lui ferme à point nommé l'accès d'une voie où il ne se fût pas engagé sans se perdre. Cette écharde qui le gêne, rien ne lui permet de savoir si la nécessité l'enfonça dans sa chair ou Dieu même. Est-il certain qu'elle en doive être arrachée ? Au plus intime de sa pensée, où tombent les déguisements de la souffrance, ce doute le harcèle. Pour y faire face, il écrit *Crainte et Tremblement*, qui est le témoignage de sa détresse parmi les hommes et de sa misère devant Dieu.

II

Abraham, selon Kierkegaard, incarne le paradoxe de la foi dans le double mouvement d'acceptation et de refus (*die doppelte Bewegung der Unendlichkeit*) qui met l'homme en présence de l'éternel : l'infinie résignation à l'existence telle qu'elle est, et par delà cette résignation sans mesure et sans limite, le défi à la nécessité, l'élan même de la certitude : « *à Dieu tout est possible* ». Abraham croit véritablement que Dieu est libre. L'essentiel de la foi, pour lui, ne réside ni dans la croyance à l'existence de Dieu, ni même dans le pur amour de Dieu, mais dans la certitude de la liberté de Dieu. « Celui qui aime Dieu sans foi, dit Kierkegaard, se réfléchit lui-même ;

celui qui aime Dieu dans la foi, réfléchit Dieu »[1]. C'est du Dieu même qu'il tient le pouvoir de l'imiter. L'acceptation est une dernière étape qui ne peut être brûlée mais que la foi dépasse dans l'affirmation d'une liberté inconditionnée. Et il faut vraiment que toutes issues soient fermées, tous recours écartés, il faut que l'exigence de bonheur ait été ébranlée jusqu'en ses fondements pour que l'homme ose infliger à son esprit le scan-dale de cette liberté. Mais si l'échec qui le rejette, dénué, à sa propre solitude, lui arrache seul l'affreux contentement de la résignation, l'acte de foi lui-même est entaché de nullité. Kierkegaard, pour parer à cette menace, prend soin de spécifier que l'acceptation « ne doit pas être le résultat unilatéral d'une *dira necessitas*[2]. Il ne se fait pas faute, cependant, de flétrir la nécessité outrageante qui a paralysé son élan et l'a acculé à Dieu :

> Qui hésiterait à choisir la confiance de Dieu ? Mais mon choix n'est pas libre. À peine si je perçois en lui la liberté puisque je ne me donne que sous la pression de la nécessité, et dans cet abandon l'oublie (la liberté). Je ne puis demander : « à qui voudrais-je aller sinon à toi ? », car je ne puis aller à personne ; on ne peut se confier à la familiarité du malentendu ; je ne puis aller à personne puisque les lourds barreaux de fer du malentendu me retiennent prisonnier. Je ne choisis pas d'aller à Dieu, je n'ai pas le choix[3].

Kierkegaard est là, séquestré du commerce des hommes, à épier le ciel derrière la grille massive de l'incompréhension

1. *Furcht und Zittern*, p. 33.
2. *Ibid.*, p. 42, « Denn sie darf nicht das einseitige Resultat einer *dira necessitas* sein ».
3. *Schuldig ? Nichtschuldig ?*, p. 319.

qui le sépare du monde. Son désir et sa volonté ne lui peuvent offrir que sa propre infortune. Il a tout perdu, et jusqu'à la fierté d'avoir préféré Dieu, s'il est vrai qu'il s'est jeté en lui comme on saute à la mer pour échapper au naufrage, cherchant dans le danger un refuge contre le danger. « Désespère ! », dit l'infinie résignation, « car le désespoir lui-même est un choix ». Il est la dernière ressource et l'ultime ruse de la vie traquée à mort, l'extrême victoire de l'existence condamnée. « Si je ne veux pas me résigner à porter la douleur de la nécessité, je suis anéanti… Mais si je supporte la douleur de la nécessité, la métamorphose peut s'accomplir »[1]. Cette métamorphose du joug en aile, cette première palpitation de vie libre dans l'être soumis à la rude nécessité enfin dévoilée, à quel moment, à quelle minute, en quel imperceptible fragment d'éternité surprennent-elles le sommeil hivernal de la résignation ? De quoi est capable le Moi dépossédé de l'exigence de bonheur, l'être dont la souffrance, en creusant jusqu'au tuf, met à nu les racines ? De quelle déconcertante résurrection l'âme à l'agonie peut-elle être le lieu ? Voilà ce que Kierkegaard veillant et tendu, dans sa réclusion, ne cesse de se demander. Il retient dans le crible de son attente les plus fins résidus de sa douleur pour les transmuer en éléments de liberté. Mais cette opération mystérieuse, la résignation seule ne peut l'accomplir. Et c'est à l'instant même où la fatalité le force qu'un pressentiment se fait jour, hésitant, mal assuré : « Dans ma relation à Dieu, tout se passe comme si Dieu m'avait choisi et non pas comme si j'avais, moi, choisi Dieu »[2]. La « dira

1. *Ibid.*
2. *Schuldig ? Nichtschuldig ?*, p. 319.

necessitas » ne lui a laissé d'autre alternative que d'aller à Dieu ou de périr. Mais Dieu, auquel « tout est possible », est maître de son choix. L'impossibilité absolue de l'homme se heurte à une possibilité absolue : *de ce choc du destin contre la liberté de Dieu jaillit la foi*. Le signe même de cette élection, ne serait-ce, pour Kierkegaard, l'écharde dans la chair qui le voue à une solitude inhumaine derrière d'épais barreaux de fer, le désaccord exténuant de la chair et de l'esprit qui l'empêche de « se tutoyer lui-même au sens le plus profond du mot », le fantastique de l'imagination obsédée ? Car c'est là et non ailleurs, en cette discorde solitaire, en cette fantasmagorie de l'esprit lucide qu'il découvre la saveur du réel, son amertume irremplaçable. Et sans enracinement dans le réel il n'est point de dépaysement en Dieu. Son humiliation, à la fois, l'exclut du général et l'y crucifie. Sa singularité même lui infuse un rigoureux savoir, préalable à toute expérience et lui vaut une pénétration intime, une intelligence aiguë de l'humain. Ses obsessions, ses déprimantes rechutes, l'irréalité oppressive de son mal, lui enseignent un espoir, une souffrance. Il manquait à Kierkegaard, pour accéder au réel, la pesanteur qui équilibre l'homme à son univers, l'« inépuisable animalité ». Cet acrobate de l'infini perd pied dès qu'il touche au sol. Ce qui l'y rattache, c'est précisément l'épine qui lui rend la marche si pénible et le vol si aisé : « Ah, l'écharde dans la chair m'a brisé une fois pour toutes, au sens du fini, mais au sens de l'infini, je n'en bondis que plus facilement… À l'aide de l'épine dans le pied, je saute plus haut que n'importe qui avec des pieds sains » [1].

1. « Ach, der Pfahl im Fleische hat mich ja im endlichen Sinne, doch ein für allemal zerbrochen, aber im unendlichen Sinne springe ich desto leichter… mit

Aussi haut qu'il s'élance, pourtant, Kierkegaard retombe avant d'avoir atteint la certitude. « Je ne puis, dit-il, exécuter le mouvement de la foi, je ne puis fermer les yeux et, confiant, me précipiter dans l'absurde. Cela m'est impossible »[1]. La tension continue du renoncement, l'effort d'arracher une signification à l'insignifiance du présent, la perpétuelle oscillation entre le vide et la plénitude usent le meilleur de sa passion et ne lui laissent qu'une force diminuée pour l'élan du bond libérateur. La plus haute vague, un instant suspendue au-dessus d'elle-même, s'écrase contre son pur reflet, devient écume. La douleur étale de l'acceptation, dans l'éternité qu'elle découvre, réconcilie avec le néant l'homme délivré du rongement de l'attente. Persuadé que l'accomplissement de son vœu est chimérique, « le chevalier de la résignation » trouve le courage d'envisager résolument cette impossibilité et de s'y soumettre. Mais en même temps qu'il renonce à réaliser son désir dans l'ordre du fini, il lui substitue une nouvelle appétence dans l'ordre de l'infini. Le désir frustré se transforme par un tour de prestidigitation en un désir comblé. L'abdication de la volonté de puissance devient la condition indispensable d'un nouveau mode de possession. « Que cette possession soit à la fois un renoncement, n'est pas pour la raison une absurdité. Car la raison remporte gain de cause en ce que, dans ce monde de misère où elle règne, cette possession est une impossibilité et le demeure »[2]. Ainsi, le chevalier de la résignation accepte

Hilfe des Dorns im Fusse springe ich höher als irgendeiner mit gesunden Füssen ».

1. *Furcht und Zittern*, p. 29.

2. *Furcht und Zittern*, p. 43.

que la raison, « ce courtier du fini », fixe à Dieu même les limites du possible et de l'impossible, et obtient qu'elle sanctionne le dédommagement au malheur que l'éternel lui offre en échange de sa complaisance à la nécessité. Dès lors, son sacrifice est un consentement à l'inévitable, non une souffrance active, transformatrice : « Ma résignation inouïe, avoue Kierkegaard, n'était que le succédané de ma foi ».

III

Kierkegaard n'a jamais daigné se jouer la comédie des preuves, ni contenter d'aucune manière l'esprit affamé d'autorité. Pour pénétrer l'énigme de la foi et découvrir ce que peut l'homme vécu par Dieu, il lui paraît plus urgent d'interroger des « témoins » que des docteurs. Abraham l'instruit : il lui trouve une force incompréhensible que l'acceptation n'épuise pas tout entière, un excédent de pouvoir sur quoi se fonde la souveraineté de sa foi. Le héros tragique va au devant du sacrifice d'un mouvement passionné où il satisfait son appétit de grandeur en demeurant fidèle à la loi de son être. Il se considère lui-même comme un Fatum auquel il se veut asservi. Mais en substituant la nécessité intérieure à la contrainte extérieure, il n'en assimile pas moins la liberté aux forces dont le jeu et l'antagonisme composent l'univers – et du même coup, la supprime. Chez le héros de la foi, au contraire, l'adhésion au réel s'allie au refus d'assujettir Dieu aux conditions et aux limites de l'existence : l'acceptation laisse subsister intégralement l'éventualité, inadmissible pour la raison, d'une défaite de la nécessité. Elle n'implique pas davantage une abdication dans l'immédiat qu'une compensation dans l'éternel. « Abraham *croyait*. Il ne croyait pas qu'un jour il serait bien heureux dans l'Au-delà; non, il croyait qu'ici même, dans ce monde-ci, il atteindrait le bonheur »[1]. Aussi, Kierkegaard nomme-t-il « Stammherr der Endlichkeit » (souche de toutes choses finies) cet être en qui le désir survit à l'espoir détruit, au tarissement du possible, et se maintient constamment à sa cime. « Que le vœu s'affirme, tandis que dans l'angoisse de la mort un secret tourment consume la force, cela doit signifier quelque chose »[2]. Qu'est-ce à dire, sinon qu'au-delà des ressources humaines, toutes épuisées, des secours de la raison, tous abandonnés, de la peur et de l'horreur, une vie non flétrie a pu naître de l'absurde. Ce défi à l'évidence n'exclut nullement, d'ailleurs, la conscience vigilante de l'impossible. C'est en quoi la foi se distingue de la magie : son paradoxe consiste à prendre appui dans le désespoir même pour franchir l'abîme qui sépare la résignation infinie de la liberté. « Perdre la raison et, avec elle, tout le fini dont elle est le courtier, reconquérir ensuite, en vertu de l'absurde, ce même fini – voilà ce que je ne puis concevoir », dit Kierkegaard[3]. Rendue à son amour, Régine n'eût pas manqué de l'embarrasser cruellement. Que lui veut cette vivante ? Il suffit de son ombre à jamais présente dans l'éternel. Amputée de tout l'inconnu du désir, la vie se racornit et se dessèche. « Ce qui ne coûtait guère à Abraham,

1. *Furcht und Zittern*, p. 32, « Abraham glaubt nicht, dass er einmal im Jenseits werde selig werden; nein, *hier, in dieser Welt*, werde er glücklich werden ».

2. *Schuldig ? Nichtschuldig ?*, p. 223.

3. *Furcht und Zittern*, p. 32.

m'eût demandé un effort; me réjouir d'avoir retrouvé Isaac (m'eût été difficile)», avoue-t-il[1]. C'est qu'Abraham, à l'heure même du sacrifice, ne cesse de croire qu'en vertu de l'absurde, Isaac ne lui sera pas enlevé. Et cette certitude, loin d'émousser la pointe du désespoir, l'enfonce plus avant dans son cœur en ruinant le prestige de la fatalité. Ici, le don le plus entier, jailli du plein de l'âme, n'est pas un renoncement forcé. Au contraire, le chevalier de la résignation consent à sa perte bien avant qu'elle ne soit achevée et, par là même, la rend inévitable. Régine reconquise et ravie aux puissances infernales l'eût frustré de la solitude où l'acceptation distille goutte à goutte sa transparente amertume, eût peut-être fait taire les chants qui fascinent les bêtes cruelles…

L'acceptation, ce mot si vaste, cache sous son absolu des lacunes et des vides. Tout ne peut être accepté, ni toute chose sanctifiée par un amen; tolérer que ce qu'il doit être, soit, avilit. Nul ne l'ignore moins que Kierkegaard pour qui la résignation est une extrême oscillation dialectique de l'âme entre la négation et la foi. Comme Dostoïevski, comme Baudelaire, comme tout être congénitalement noble, Kierkegaard répugne à la révolte parce qu'il refuse de se laisser entraîner sur le terrain de l'ennemi. Se révolter contre la mort, c'est en reconnaître le règne, se rebeller contre la nécessité, c'est entrer dans son jeu en participant au conflit des forces qu'elle déchaîne. Serve du ressentiment, la révolte gronde à la surface de l'être, dans le fini, dans l'immédiat le plus court, loin des profondeurs où les derniers remous de l'existence heurtent à sa base le récif

1. *Ibid.*, p. 31.

du « soi ». Seule la foi, repoussant de tout son élan l'appui de la résignation, le supprime dans le bond vers l'absurde de la liberté. La nature dialectique de l'acceptation se révèle en ce qu'elle est à la fois une tension héroïque et une défaite, une louange passionnée à la vie par delà tout refus, et une condamnation de la vie au regard de la foi.

Dans l'une des courtes variations qui préludent au thème de *Crainte et Tremblement*, Kierkegaard raconte qu'Abraham, après l'épreuve, vieillit tout d'un coup : « il ne pouvait oublier que Dieu avait exigé cela de lui ». Kierkegaard, lui, écrit des milliers de pages pour oublier qu'il a été déconfit par un fantasme. Certains aveux où résonne l'interminable plainte de l'impuissance humaine – « si j'avais eu la foi, je serais resté auprès de Régine... », « ma résignation inouïe n'était que le succédané de la foi »[1] – disent assez qu'il n'y parvint jamais. Non secouru, le chevalier de la résignation succombe à la tentation d'adorer l'inévitable et de s'en faire une idole. Il attend de renaître – quoi d'autre ? – et qu'un Dieu le choisisse à qui tout est possible.

Ainsi, du monde de la réalité commune, Kierkegaard n'a plus rien à espérer, ayant définitivement renoncé à se faire comprendre de ses semblables. Et du monde de l'infini – s'il n'est d'aventure qu'« une assurance contre l'invalidité », le rêve stérile de la conscience tentée – qu'attendre encore ? « Dans le temporel, dit Kierkegaard, Dieu et moi ne pouvons converser : nous n'avons pas de langage commun »[2]. Il ne lui

1. *Furcht und Zittern*, p. 31.

2. « Im Zeitlichen können Gott und ich eben nicht miteinander, reden wir haben keine gemeinsame Sprache ».

reste qu'à invoquer Dieu sans foi, tout au abord du néant, dans la pénurie de son être, dans le délaissement où l'on voit « la force s'affaisser et s'évanouir, le désespoir effaroucher tout secours, le découragement se refuser à tout espoir, le passé dont l'âme se croyait rachetée surgir à nouveau avec son exigence, plus menaçant que jamais, parce qu'avec l'avenir il s'est conjuré »[1]. Cette assiduité de la souffrance, il importe de la dissimuler à l'insolente curiosité des indifférents. L'orgueil s'en charge, tenace, retors, habile à décourager l'intolérable compassion des hommes, pire infiniment que leur incompréhension. « La nature noble et fière peut tout supporter, hormis une chose : la compassion... Il y entre une humiliation qui ne peut être infligée que par une plus haute puissance; d'elle-même la nature noble et fière ne peut jamais devenir un objet de compassion »[2]. S'apitoyer sur ses propres maux ne lui répugne pas moins que subir l'outrage de la pitié d'autrui. Le respect de soi qui est sa loi intime[3], elle l'exige de chacun autant que d'elle-même et n'y contrevient qu'en faveur d'« une puissance plus haute ». Le jour où Régine, en un paroxysme d'humilité, se jette à ses genoux, Kierkegaard s'est senti blessé dans sa fibre la plus cachée. Cette ivresse du reniement de soi dans l'extase de l'amour l'indigne autant qu'elle le bouleverse. D'instinct, il se met en défense : « Je ne veux pas être adoré », s'écrie-t-il irrité, et d'autant plus gêné qu'infiniment scrupuleux il s'exagère la responsabilité que lui crée un

1. *Pfahl im Fleische*, p. 54.

2. *Furcht und Zittern*, p. 99.

3. « Was ist Vornehmheit?... Ehrfurcht war sich selber (*Nietzsche*). Der Glaube an Gott enthält ein zerschmetterndes Urteil über uns bis in die geheimsten Wurzeln unseres Daseins... ».

abandon aussi entier à sa personne. Le geste de Régine atteint en lui le point vulnérable où sa noblesse native se double d'impuissance. Cette noblesse – faite du refus d'acquiescer au plus facile de soi-même, d'une pudeur passionnée et d'une farouche réserve dans le sentiment le plus démesuré – maintient sévèrement, entre les êtres, une distance que l'amour n'a su franchir impunément. Seule la haine d'une prédication sans risques ni sanctions, et le désir de porter témoignage de son rapport avec Dieu autrement qu'en paroles triompheront chez Kierkegaard de cette pudeur et de cette réserve. S'exposer, agir à découvert, il n'en est pas encore là au moment où il écrit *Crainte et Tremblement*. Pour qu'il s'y résolve enfin, après des hésitations et des atermoiements sans nombre, il lui aura fallu être « angoissé jusqu'à la mort et à la destruction ». Mais, déjà, il pressent que l'amour de Dieu crée à l'homme d'insolubles difficultés, lui vaut des vexations continuelles. « La foi en Dieu contient un jugement écrasant sur nous jusqu'en les racines les plus secrètes de notre existence » : cet arrêt l'arrache enfin aux derniers abris de la fierté. Tant que le nœud qui lie indissolublement la noblesse à l'impuissance n'est tranché, cette préférence de Dieu à soi-même que Kierkegaard nomme repentir ne pourra l'emporter sur le goût d'être soi.

IV

Dans le domaine érotique comme dans le domaine religieux, il s'agit tout d'abord, pour Kierkegaard, de discréditer l'exigence de bonheur en séduisant à la souffrance des êtres récalcitrants. Ce don d'insinuation, cette absence de ménagement sous les dehors de la tendresse, cette façon d'espionner l'âme, de la traquer jusqu'en ses derniers retranchements, d'attirer et de repousser, d'angoisser et de rassurer tout ensemble, cette intimité qui persuade, cette réserve qui décourage – autant de procédés de séduction que Kierkegaard met en jeu pour subjuguer Régine comme pour attirer l'homme à Dieu. « N'y a-t-il pas, se demande-t-il, un genre supérieur de séduction qui est pire que celle des sens ? »[1]. De cette séduction, il s'est forgé l'arme la plus aiguë, et l'a mise au service de l'instinct de cruauté qui lui fait goûter une satisfaction profonde dans l'excès spirituel, dans l'abus de pouvoir. Mais cet appétit de domination est sans cesse tenu en échec par une extrême retenue où se manifestent le respect de la personnalité d'autrui, la répugnance à l'influencer grossièrement, à se la soumettre par la contrainte. Kierkegaard, encore une fois, ne veut être ni obéi, ni adoré, ni imité, ni même suivi. Il ne désire qu'avertir, persuader, troubler une quiétude satisfaite. Il refuse de rien devoir à l'ivresse d'une ferveur aveugle, au prestige d'une doctrine tyrannique et entend laisser à autrui la liberté et l'entière responsabilité du choix[2]. « Si l'on veut apprendre et enseigner sans tenir compte des crises de la réalisation, on en arrive plus facilement, bien sûr, au fameux point de vue inébranlable d'où l'on peut commodément professer et diriger les âmes »[3]. Tel est, d'ailleurs,

1. *Schuldig ? Nichtschuldig ?*, p. 281.

2. Son admiration pour l'enseignement du séducteur Socrate tient précisément à son horreur des procédés démagogiques dans le domaine spirituel.

3. *Schuldig ? Nichtschuldig ?*, p. 340.

son sentiment d'incommunicabilité dans ses rapports avec le prochain qu'il aboutit à la conviction paradoxale de ne pouvoir le secourir qu'en le « trompant ». Il connaît trop bien l'impossibilité absolue de se révéler directement à son semblable sans provoquer de malentendu ou de déception, pour n'en pas tirer toutes les conséquences[1]. D'où sa prédilection pour le mode d'expression indirect, allusif, surveillé, de la poésie qui flatte son souci de pureté dans les passions de l'esprit et son aversion du frelaté dans les relations humaines. « Le devoir de l'homme est de se tenir sur la réserve. Dieu seul peut se communiquer sans réserve ». Ainsi, Kierkegaard se déguise en séducteur pour tenter ce « semblable » attentif et silencieux que chacun de nous, en particulier, peut devenir à certaines heures, pour l'exhorter à se délester du bonheur et du malheur et se tenir prêt à d'autres départs.

Dans *Crainte et Tremblement*, l'épisode d'Agnès et de l'Ondin – où Kierkegaard s'est identifié au génie élémentaire des eaux profondes – dévoile mieux encore le rôle de la séduction. L'ondin peut troubler Agnès et s'en faire aimer, mais non lui appartenir ni lier à la sienne sa destinée singulière. De l'être humain, il n'a que l'apparence ; s'il quitte son élément pour approcher les hommes, il les étonne ou les inquiète. Nul commun langage ne lui permet de s'en faire entendre. La séduction est son arme, sa défense dans ses relations à un monde hostile. Une radicale différence de nature exclut toute possibilité de compréhension entre l'habitant des gouffres marins et les fidèles sujets de la terre. Nuire ou séduire, se

1. L'isolement qui en résulte est le foyer d'où rayonnent et son aspiration religieuse et son lyrisme poétique.

dérober ou succomber, telle est la loi de l'ondin. Déjà il s'apprête à traîner dans l'abîme une proie qui s'abandonne, mais une puissance inconnue paralyse son élan. L'innocence d'Agnès le désarme, innocence chargée d'un pouvoir qui s'ignore. À l'instant même où l'amour va le métamorphoser, l'arracher à sa condition de créature abyssale, ses forces le trahissent, il disparaît dans un grand bruit de vagues soulevées.

Ainsi, Kierkegaard : dès l'enfance, voué à une silencieuse détresse, à la volupté et à l'angoisse d'être et de se savoir seul, terrorisé par la hantise du péché, marqué à jamais par une « éducation insensée », fortement ébranlé, dans sa jeunesse, pour avoir découvert avec frayeur en son père infiniment vénéré, un pécheur bourrelé de remords – il demeurera toute sa vie un « ondin » étranger à la patrie des hommes. « Je puis, dit-il, faire le grand saut de tremplin par lequel je m'élance dans l'infini ; je puis – un, deux, trois – me promener dans l'existence cul par-dessus tête ; ceci m'est facile, mon épine dorsale ayant été, dans mon enfance, assouplie, comme celle d'un danseur de corde, par de cruelles dislocations... »[1]. Comme Nietzsche, Kierkegaard peut affirmer à bon droit : « Tout ce qui ne me tue pas, me rend fort ». Cet entraînement qui, au prix de terribles mutilations, l'a mis à même de bondir sur la corde raide, aura cependant pas appris à fouler d'un pied ferme le sol rugueux de la réalité : « Lorsque les chevaliers de l'infini retombent, ils ne peuvent sur-le-champ retrouver leur équilibre : ils vacillent un instant, ce qui prouve qu'ils sont tout de même des étrangers en ce monde »[2]. Tout se passe, chez

1. *Furcht und Zittern*, p. 32.
2. *Furcht und Zittern*, p. 37.

Kierkegaard, comme si les carences de la nature, le fardeau de l'hérédité, l'épine dans la chair et jusqu'aux erreurs criminelles d'une « éducation insensée » – conspirant à faire de lui celui-là même qu'il est – n'étaient que l'effet d'un implacable choix, dicté par la haine du bonheur.

V

« Il est magnifique d'appartenir au général », s'écrie Kierkegaard de profundis… On méconnaît l'attrait qu'exerce sur lui le général si l'on ignore combien il souffre d'en être proscrit. Ce concept, à ses yeux, ne revêt aucunement la forme d'une entité logique, d'une abstraction. Il enveloppe, au contraire, quelque chose d'éminemment concret, de solide et d'effectif : le réseau d'engagements, de charges et de responsabilités qui relie les hommes entre eux et les soustrait à leur solitude, l'ensemble de relations complexes qui façonnent la vie individuelle à travers la réalité commune, l'obligation, enfin, telle que la suscite un amour impatient d'être à l'œuvre, en un mot, l'éthique. Kierkegaard, en effet, y voit tout autre chose qu'un système d'incitations et d'intimidations, de défenses et de licences, établi en fonction de l'utilité sociale, de l'intérêt vital d'un groupe ou d'une communauté. Il veut qu'elle soit tout d'abord la révélation de soi-même dans l'acte d'affronter la réalité, l'affirmation de soi-même dans la volonté de se mesurer avec ses exigences, le courage humain, rien qu'humain de ne pas tricher l'existence. « *Die Ethik fordert das Offenbaren als Tat* »[1]. Dans le monde, de l'éthique, la vie intérieure n'est jamais incommensurable à la vie extérieure; « ce qui fait l'incommunicabilité » est nié ou combattu par tous les moyens. L'acte y est le répondant du sentiment qui l'anime, de la passion qui le dicte; il en est la traduction lisible, l'équivalent exact et rigoureux. Qu'attend l'éthique de chaque individu, sinon qu'il accorde foi à la réalité et, renonçant à la rêver, qu'il consente à la vivre ? « L'éthique ordonne de croire à la réalité et d'avoir le courage d'en affronter les épreuves au lieu de lutter contre les tourments sans saveur et sans force que l'on assume sous sa propre responsabilité »[2], ne cesse de répéter durement Kierkegaard. Elle enjoint à l'homme de se maîtriser afin de s'exprimer, fût-ce imparfaitement, à l'aide des moyens de fortune dont il dispose. Aussi Kierkegaard a-t-il choisi pour incarner les valeurs éthiques, non pas « l'homme de bien »[3] docile à la contrainte sociale, mais le héros tragique qui, dans la plénitude de son humanité, n'accède à son destin que par le don de soi. Alors même qu'il enfreint la loi commune, il lui demeure intimement soumis et n'est point étranger au monde qu'elle régit. Agamemnon, sacrifiant Iphigénie, ne déconcerte ni ne révolte. Son acte, représentatif tout ensemble de son débat intérieur et de sa relation à la communauté suspendue à son initiative, est le garant d'une volonté royale tendue vers un achèvement que les dieux ont voulu sanglant et inexorable. En tant que tel, cet acte relève de l'autorité du général dont il ne peut éluder le jugement, et n'échappe en rien

1. *Furcht und Zittern*, p. 83.
2. *Ibid.*, p. 81.
3. L'assesseur Wilhelm n'est qu'un personnage fabriqué *ad hoc*.

au critère de l'éthique. Antigone elle-même qui veut l'impossible et « poursuit l'irréalisable », sachant que le temps qu'il lui faut plaire aux morts est « plus long qu'aux vivants » et que les lois des vivants ne sont plus « saintes chez les morts », Antigone, dure et têtue autant qu'aimante n'est à aucun moment retranchée du général. Le geste pieux dont elle recouvre de poussière le cadavre dépouillé de Polynice, la triple libation dont elle le couronne, sont les symboles de sa soumission aux décrets immuables des dieux. Elle a beau dire à Ismène : « Tu vis, moi, mon âme depuis longtemps n'est plus pour servir ceux qui sont morts ». C'est l'éthique des vivants qu'elle ranime de sa colère en resserrant les liens qui rattachent à l'Hadès l'univers des humains. Le héros « qui meurt en tout temps avant qu'il ne meure » (*der allezeit stirbt ehe er stirbt*), se délivre en consommant un acte irréparable, en adhérant pleinement à sa fatalité tragique. Agamemnon ne peut espérer qu'en vertu de l'absurde Iphigénie lui sera rendue. Qu'est-il besoin de la proclamation de Créon pour qu'Antigone sache qu'elle va mourir et envisage l'inévitable ? Ni l'un ni l'autre ne souhaitent rompre cette collaboration des forces aveugles et du hasard dont est fait leur destin. Le héros accepte les sévères conventions qui règlent le déroulement et le dénouement de la tragédie dont il est l'acteur. Il ne démasquera pas l'existence : sa grandeur est à ce prix.

D'une autre nature, le geste d'Abraham, dégagé de toute motivation rationnelle, paraît inacceptable et quasi monstrueux, un défi aux commandements de l'éthique, une insulte au général. Sur quoi se fonde Abraham pour justifier sa décision, sinon sur le caprice de Dieu ? Mais de la volonté divine, il ne peut produire ni preuves ni témoignages d'aucune sorte. Le sacrifice d'Iphigénie hâte la prise de Troie; on voit mal ce qu'eût modifié dans la réalité le sacrifice d'Isaac, s'il se fût accompli. Cet acte n'est, en vérité, que l'expression indéchiffrable de la foi d'Abraham; il n'a rien d'exemplaire et demeure essentiellement singulier, isolé unique de son espèce. Au héros tragique, il est donné de penser son aventure en la vivant : la signification de sa conduite éclate à tous les yeux. Abraham, lui, doit renoncer aussi bien à concevoir qui le fait agir qu'à se rendre intelligible à autrui. « Celui qui s'avance dans l'étroit sentier de la foi n'a personne qui le puisse secourir, personne qui le puisse comprendre »[1]. Pour l'éthique, Agamemnon est un héros – hors la foi, Abraham n'est qu'un assassin. « J'aimerais savoir, demande Kierkegaard, comment l'on entend établir une relation entre l'acte d'Abraham et le général et si, entre ce qu'accomplit Abraham et le général, il est possible de découvrir quelque point de contact hormis celui-ci : "Abraham transgressa le général" »[2].

Œdipe, Agamemnon, peuvent gémir ou maudire la rancune des dieux, mais Abraham doit se taire, faute de pouvoir s'expliquer. Il ne peut en appeler à aucune solidarité; nul chœur ne lui fait écho, nul confident ne partage l'angoisse d'une décision qui balaie toutes les certitudes humaines. « Le chevalier de la foi ne connaît pas le sommeil. Car il est constamment mis à l'épreuve; et, à chaque instant, il existe

1. *Furcht und Zittern*, p. 63.

2. *Ibid.*, p. 56, « Ich möchte wissen wie man Abraham Tat in ein Verhältnis zum Allgemeinen bringen will; ob ich zwischen dem was Abraham tat und dem Allgemeinen irgendein andrer Berührungspunkt auffinden lässt als dass es übertrat ».

pour lui une possibilité de faire, avec contrition, retour au général. Et cette possibilité peut aussi bien être une épreuve que la vérité »[1]. Rien n'assure le héros de la foi qu'il n'est pas le jouet d'une hallucination; sa volonté est suspendue au-dessus du vide : la vérité qu'il croit entrevoir, qu'il doute et redoute d'avoir entrevue, se dérobe à tout contrôle. « L'intériorité, affirme-t-il, n'est jamais pleinement exprimée par aucune action ». Il existe une relation de l'homme à Dieu qui exclut toute immixtion du général, une « obligation », à la fois vis-à-vis de Dieu et de soi-même, qui suspend les devoirs de la solidarité. Au seuil d'un domaine interdit où sa protection devient illusoire, l'éthique, avec son trésor de pleurs, de joies et de sang répandu, se voit contrainte de reculer. C'est là le paradoxe de la foi, ce que Kierkegaard nomme « la suspension téléologique de l'éthique »[2].

VI

En ce renversement de valeurs qui la dépouille de sa prétention à l'absolu et de ses prérogatives quasi divines, Kierkegaard rencontre Nietzsche. Le même combat les assemble, mais aussitôt la victoire les sépare. Nietzsche accuse l'éthique de substituer un être fictif à l'homme tel qu'il est; Kierkegaard, d'usurper la place de Dieu. Entièrement vouée à

1. *Ibid.*, p. 74.

2. *Furcht und Zittern*, p. 68, « Denn das Schreckliche das er vollbringt tut der Glaubende einerseits um seiner selbst willen, anderseits um Gottes willen und immer *zugleich* um seiner selbst und um Gottes willen ».

la tâche héroïque d'étreindre la nécessité, comment admettrait-elle que « l'action n'est pas toujours la vie, mais une façon de gâcher quelque force »[1], que dans l'essentiel connaissance et pouvoir ne coïncident plus ? Il faut donc qu'elle s'attache à limiter, sinon à supprimer, la liberté divine dont le caprice est une menace pour la réalité même sur quoi elle prend appui. En contraignant l'homme de vouloir ce qu'il peut faute de pouvoir ce qu'il veut, elle finit par étouffer tout ce qui résiste à ses sommations et cherche hors de ses voies un libre salut. « Dieu se réduit à un point imperceptible, évanescent, à une pensée impuissante ; sa puissance ne réside plus que dans l'éthique qui remplit l'existence tout entière »[2]. Cet abus d'autorité, Kierkegaard maintes fois l'a dénoncé expressément. À l'opposé de Nietzsche, il ne se soucie point de prémunir le héros contre les embûches des faibles dont le ressentiment a ligué les passions. Bien que sa métaphysique se fonde sur l'expérience existentielle de l'« Einzelner », il n'a nullement la superstition de la « personnalité ». Il ne croit pas non plus à la sélection, au dressage à l'antique. Dépassant le socratisme, il ne veut qu'enseigner aux hommes à prendre pour seul maître « le dieu dans le temps ». Pour lui, la relation de l'être solitaire à soi-même ne passe en signification les rapports de l'homme à l'homme que dans un monde où la nécessité ne fait plus l'évidence : dans la foi. Il situe à l'intérieur de l'individu le drame de l'éthique et de la liberté dont Nietzsche avait confié les rôles

1. Rimbaud, *Une saison en enfer*, p. 294.

2. *Furcht und Zittern*, p. 65, « Gott wird zu einem unsichtbaren, verschwindenden Punkt, zu einem ohnmächtigen Gedanken; seine Macht liegt nur im Ethischen, dass das Dasein vollständig ausfüllt ».

à des protagonistes différents. Diminuer l'adversaire rabaisserait le débat et lui enlèverait de l'ampleur. Kierkegaard se l'interdit : plus il s'écarte du général, plus il tâche à lui rendre justice. L'éthique a dans la vie humaine de profondes assises. Elle ne peut être « suspendue » qu'elle n'ait atteint toute sa mesure. Alors, mais alors seulement, vaincue sur son propre terrain, elle cède à la foi qui est passion et « sens du devenir ». La grandeur de l'éthique, c'est qu'elle soit de taille à subir cet assaut. En une lutte inégale, tout ensemble elle s'affirme et connaît ses limites. La foi seule est l'inconnu dont elle tire son origine, l'inconnu où elle débouche et finalement s'abîme. Si le souffle de l'absurde qui, à tout instant, risque de l'anéantir, cessait de l'animer, elle ne serait plus qu'un ensemble de moyens de défense propre à brimer la vie en la figeant.

Entre l'idée abstraite, étrangère aux « crises de la réalisation », et la pensée existentielle, née de ces crises mêmes, le divorce est prononcé, l'hostilité déclarée. D'où la double attitude de Kierkegaard à l'égard du général : tantôt fervente et nostalgique, tantôt méfiante et irréconciliable. La « suspension éthique » figure pour lui l'extrême pointe d'un conflit paradoxal, insoluble en son essence. « Ce n'est qu'au moment où son action est en contradiction absolue avec son sentiment qu'[Abraham] offre Isaac en sacrifice »[1]. Seul le triomphe de la foi sur l'éthique souveraine, incarnée dans l'amour paternel à son apogée, confère à son geste sa vraie signification.

Il n'est donc point, pour le héros de la foi, de critère objectif auquel il se puisse reporter, ni d'autre assurance que sa

1. *Furcht und Zittern*, p. 66.

peine et son angoisse. Il erre, dit Kierkegaard, « dans la solitude de l'univers, seul avec sa terrible responsabilité, et n'entend jamais de voix humaine ». Il lui est loisible de croire qu'il se trompe ou qu'il est trompé, que cette terrible responsabilité n'est qu'une chimère. « Seules sont certaines les conclusions de la passion », dit Kierkegaard (*Die Schlüsse der Leidenschaft sind die einzigen zuverlässigen*). Et encore : « Seule la vérité qui édifie est pour toi vérité » *(Nur die Wahrheit die erbaut, ist Wahrheit für dich*). Quelle est donc cette vérité « édifiante » qui scandalise l'esprit et vexe la raison, engendre le doute et la certitude, cette vérité qu'une « passion » a mise au jour dans les tourments ? Et quelle est cette passion qui détient le pouvoir de conclure, de décider en dernière instance, de triompher de la résistance angoissée que l'homme oppose à l'invraisemblable et à l'inconnu, sans pourtant l'obliger ni le contraindre ? Inquiétante vérité, issue non de l'immédiat de la sensation, non de la réflexion qu'elle paralyse mais de Dieu même qui la révèle. Rien moins qu'évidente, rien moins qu'immuable, elle nous engage à un risque absolu – le risque d'être dupe à jamais – sans nous offrir, en échange, là moindre garantie. Il ne saurait être question de se reposer en elle ; au contraire, il importe de maintenir dans toute sa rigueur l'incertitude objective au moment que l'on fait siennes les « conclusions de la passion »[1]. Kierkegaard n'a, d'ailleurs, jamais feint de réconcilier les certitudes de la loi et les évidences de la raison en leur assignant respectivement des régions différentes de l'être. Il sait qu'elles se disputent tout

1. *Ibid.*, p. 76.

l'homme et ne souffrent aucun partage, qu'il n'est pas de trêve à cette lutte. « Ohne die Qual der Anfechtung gibt es auch keine Seligkeit des Glaubens »[1]. De cette torture qu'il connaît, de cette félicité qu'il convoite, Kierkegaard ne peut parler qu'avec « crainte et tremblement ». « Celui qui a appris qu'il n'est rien de plus affreux que d'exister en tant qu'être singulier ne craindra pas d'affirmer qu'il n'est rien de plus grand »[2]. Mais pourquoi cet attribut? Lorsqu'il a rompu avec Régine pour choisir une existence solitaire et singulière, Kierkegaard n'a jamais prétendu que cette décision douloureuse – la seule qu'il pût prendre – fût noble ou sublime. Toute détermination éthique, ici, est superflue.

« Je n'ai jamais vécu... Je n'ai vécu qu'intellectuellement... ». Il a oublié d'être jeune... – monotone comme un gémissement, cette plainte revient sans cesse sous la plume de Kierkegaard. Par delà sa « résignation inouïe » subsiste, indestructible, l'espoir de reprendre, à l'aide de la foi, les chemins de la vie. L'identification tendancieuse du général au réel redécouvert par la foi n'a d'autre origine, chez lui, que le désir de renaître à la vie, de s'implanter dans la réalité imparfaite et triviale, d'y nouer des relations avec les êtres, de s'y délivrer de l'inavoué. Comme le diable du cauchemar d'Ivan Karamazov qui « rêve de s'incarner, mais alors définitivement, sans retour, en quelque grasse marchande, et de croire à toutce qu'elle croit »[3], Kierkegaard veut guérir du fantastique auquel le condamne l'écharde empoisonnée. En vain :

1. *Furcht und Zittern*, p. 96.
2. *Ibid.*, p. 71.
3. Dostoïevski, *Les Frères Karamazov*.

« sa vie n'est pas assez pesante, elle s'envole et flotte loin au-dessus de l'action, ce cher point du monde »[1]. Ne pouvant, par ses propres forces, dégager son existence du néant qui l'obstrue, il ne lui reste qu'à espérer – mais en vertu de l'absurde et non de l'humaine raison – un impossible salut. Le péché, c'est précisément et uniquement de ne l'espérer pas. « Le contraire du péché, affirme Kierkegaard, ce n'est pas la vertu mais la foi », le don de surmonter le vertige de la pensée fascinée par le « rien » qui change la possibilité de liberté en une possibilité de néant. Bien avant de s'extérioriser en actes déterminés, inscrits sous les rubriques du général, le péché réside originellement en une suprême abdication, en un recul de la chair et de l'esprit, en une méfiance fatale qui dépouille l'homme de sa souveraineté et le précipite dans la mort. Cette chute foudroyante témoigne que le péché, en son essence, ne relève pas des catégories éthiques. Antérieur à tout choix entre le bien et le mal tels que les définit l'éthique, le péché, pour Kierkegaard, est d'abord la préférence absolue du désespoir, l'incapacité de croire malgré tout. Si « la mesure du moi est toujours ce que le moi a devant lui », celle de la faute ne saurait être rapportée à l'échelle du général. En devenant sa mesure, Dieu donne à l'homme – et par là même au péché – « un accent infini » que l'éthique méconnaît. Vider, comme elle s'y efforce, le péché de son contenu irrationnel à l'aide du libre arbitre, ne sert qu'à le priver de sa substance. Aussi Kierkegaard ne commet-il jamais l'erreur de vouloir l'expliquer ou le définir. Ayant connu par lui-même le péril d'oser

1. Rimbaud, *Une saison en enfer*, p. 268.

tout et de lâcher prise à instant de la réalisation, il refuse de substituer d'inutiles formules à sa propre expérience du péché. Il lui suffit de nous mener à l'extrême bord de notre existence et de nous contraindre à nous pencher sur elle sans garde-fou.

VII

Le regret infini d'avoir laissé s'accomplir l'irréparable perce à chaque ligne de *Crainte et Tremblement* où Kierkegaard transpose dans l'histoire d'Abraham une histoire moins glorieuse – la sienne. Cette transposition, cependant, eût-elle été possible si, entre le héros de la foi et le chevalier de la résignation ne se découvraient d'obscures mais indéniables affinités ? Tous deux ne sont-ils pas délaissés du général ? L'un s'en évade pour répondre à l'appel d'une passion qui l'isole. L'autre, placé dès sa naissance peut-être, et par des circonstances indépendantes de sa volonté en dehors de la réalité commune, trouve dans le dégoût de vivre un moyen de parer à ses atteintes. Par des voies opposées, le péché et la foi aboutissent au même paradoxe : « la personne prime le général », « tout homme est en un certain sens une exception ».

Qu'il le veuille ou non, le héros de la foi ne peut s'ouvrir à personne : s'il parle, sa force le déserte, sa certitude le quitte. Mais le chevalier de la résignation, lui aussi, n'est pas moins obstiné à se taire : « die Unfreiheit macht sich selbst zum Gefangenen ». Replié sur l'essentiel de lui-même, il devient son propre prisonnier et redoute par-dessus tout d'être surpris par la liberté s'il faisait une brèche au silence qui enveloppe et protège sa continuité intérieure dans le désespoir. « Le silence est le charme du démon (et plus profond le silence, plus terrible le démon) » ; mais le silence n'est-il pas également « l'intelligence de la divinité avec l'individu »[1] ? Cette équivoque crée un lien entre le héros de la foi que rien n'assure contre le risque de prendre pour une révélation le piège du démon ou le mirage du néant et le chevalier de la résignation en proie au fanstastique de la chair et de l'esprit. L'un et l'autre doivent craindre sans cesse de s'égarer dans l'irréel. En la solitude de Dieu comme en la solitude du démon l'unique sécurité, c'est ce « broiement de l'âme », cette provision de « dégoût pour la vie (dont) a constamment besoin celui qui est destiné à vivre pour l'éternel »[2], dans le péché ou dans la foi. À l'homme du souterrain comme au héraut de la liberté divine, « la détresse et l'angoisse donnent la seule justification qui se puisse concevoir et qui, cependant, demeure inconcevable »[3]. Il faut donc qu'il y ait, entre la volonté de s'atteindre soi-même dans le désespoir et la volonté d'atteindre Dieu à travers le désespoir, quelque profonde relation. « Abraham, dit Kierkegaard, est en lutte avec lui-même, souffre pour lui-même, prend lui-même ses responsabilités. Puis, il écrit aussi, pour lui-même »[4]. Jusqu'à ce « puis » qui indique la bifurcation du chemin, le

1. *Furcht und Zittern*, p. 83, « Schweigen ist der Zauber des Dämons (je tiefer das Schweigen, desto schrecklicher der Dämon) ; Schweigen ist auch der Gottheit Einverständnis mit dem Einzelnen ».

2. Ce dégoût, qu'on trouve, joint à l'émerveillement, à la racine de la vie poétique, on le découvre également à la racine de la vie religieuse au moment où il se transforme avec une violence soudaine en un sentiment non maîtrisable qui contient la révélation même de la foi : le repentir.

3. *Furcht und Zittern*, p. 107.

4. *Ibid.*, p. 108.

chevalier de la résignation et le héros de la foi suivent la même voie resserrée. Mais dès la première étape, d'essentielles différences se font jour. Le sacrifice d'Abraham, absurde et répréhensible au jugement de la raison, s'il ne change rien, en apparence, à l'économie de l'univers, y produit un invisible bouleversement. La présence d'un être qui vit pleinement, sans retour sur lui-même, la possibilité inouïe d'un Dieu libre, est un ferment susceptible de faire lever la lourde masse humaine. Il suffit de ce témoin pour que le centre de gravité de l'action se déplace et qu'elle s'écarte de l'orbite tracée par la nécessité. Le silence que lui impose son « entente avec la divinité » ne le rend point impénétrable au monde du fini; il se révèle parce qu'il est : son être même est une révélation. Par un raccourci dont lui seul a le secret, ce « Stammherr der Endlichkeit » rejoint le réel au-delà du général, à sa source même, alors que le chevalier de la résignation, épuisé par son marlentendu avec la réalité commune, s'affaisse avant de l'avoir atteinte. Pour celui-ci, toute manifestation extérieure devient inévitablement trahison, le contexte existentiel susceptible d'éclairer sa conduite ayant été escamoté. Son acceptation peut tout contre le destin, rien contre la fatalité intérieure qui le ligote et le réduit à l'impuissance.

Sous le couvert de la résignation, l'homme du souterrain fabrique des engins capables de faire sauter les catégories du général, mais nul remède à l'horreur d'être soi, à « la misère fondamentale de sa nature ». « Das Dämonische ist das Verschlossene und das unfreiwillig Offenbare ». Seule la poésie et ses rites plus anciens que ses chants, rompt le pacte démoniaque qu'il a conclu avec lui-même[1]. « L'explication que je cèle au plus profond de mon être, l'explication plus concrète qui, en réalité, contient plus exactement encore mon épouvante, je ne la mettrai jamais par écrit », avoue Kierkegaard. Et pourtant, l'infime secret qui le mine et l'oppresse, au prix duquel « il acquiert le pouvoir de révéler par le verbe les lourds secrets d'autrui »[2], il le déguise à peine pour le confier à la poésie, certain que nul ne le percera à jour. « Exorcisant le diable à l'aide de la puissance du diable », il se délivre sans se découvrir. La poésie, ainsi, jette un pont sur l'abîme qui sépare la résignation de la foi.

Mais de même que l'éthique, pour assurer sa prérogative, table sur un minimum de bonheur, sur une équivalence finale des peines et des joies de l'existence, la poésie exige, pour séduire, quelque relâchement de la nécessité, une pause, fût-ce la plus brève, en quoi les sensations puissent longuement résonner, une complicité attentive de la chair et de l'esprit avec la durée. Dans le dénuement total où cet équilibre chancelle et cet accord est détruit, où rien ne subsiste de ce qui peut secourir l'homme, l'habitant du souterrain, abandonné par l'éthique et par la poésie, subit l'existence « comme une conséquence infinie et fermée ». En cette dernière extrémité, elle apparaît encore au croyant comme une possibilité infinie et inépuisable. Aimer sa souffrance faute de mieux, parce que toute autre satisfaction est refusée, ne peut lui suffire. Ce n'est pas

1. *Schuldig? Nichtschuldig?*, p. 223 « Dass ich mich direkt ausdrücke, glückt mir selten; dass ich mich indirekt also zweideutig ausdrücke, glückt mir über alle Massen ».

2. *Furcht und Zittern*, p. 59.

pour chercher en l'immutabilité de Dieu un asile contre la « versatilité humaine » et les « vicissitudes terrestres » qu'il s'acharne sur la fatalité de bonheur[1], mais, au contraire, pour exposer à tous les risques son pouvoir de « croire malgré tout ». Si, pourtant, la réponse de Dieu lui manquait au-delà du bonheur et du malheur, c'en fait de la liberté et, avec elle, de la vie. Dans sa lutte obscure, son unique allié n'est autre que « l'ennemi mortel » qui l'anéantit pour le ressusciter, et « du même souffle le bénit et le maudit ».

VIII

Incapable de remédier, comme il l'est, à sa propre défaillance, Kierkegaard prétend exiger des hommes l'abandon de ce qu'ils ont de plus cher, le courage inouï d'aimer Dieu dans la foi. Comment légitimer cet abus d'autorité sans recourir à des sophismes ? Il y a dans *Coupable ou non ?* un texte où l'on saisit sur le vif le glissement insidieux que la volonté de puissance imprime au sentiment et à la pensée dont elle s'empare. « Que l'élément religieux soit l'humain-en-général, c'est là, au fond, une pensée dont je vis. Elle seule m'empêche d'envier ces favoris du bonheur et me donne aussi la force de considérer le malheur de ceux qui sont en fâcheuse posture dans la vie extérieure sans, pour cela, perdre toute joie de vivre »[2]. L'homme qui tient cet étrange langage, est-ce bien le même qui disait naguère : « la foi est un miracle, et cependant

1. Rimbaud, « Le bonheur était ma fatalité », *Une saison en enfer*, p. 295.
2. *Schuldig ? Nichtschuldig ?*, p. 215.

nul homme n'en est exclu, car la passion est commune à tous les hommes et la foi est une passion »[1] ? Kierkegaard préoccupé de s'assurer contre l'envie et le risque de perdre goût à la vie en prenant trop à cœur les maux d'autrui, a bien de quoi nous étonner. « Jusqu'ici, avoue-t-il cependant, c'était ma consolation dans la vie, *ma victoire sur la vie*, que l'on pût exiger le sentiment religieux de chaque individu »[2]. En ces lignes orgueilleuses percent l'appétit de domination absolue, le ressentiment contre la vie, le désir de lui faire expier l'humiliation qu'elle inflige – et, pour tout dire, l'impuissance du cœur. S'agit-il de « salut dans la liberté » ou d'une revanche à obtenir, d'une injure à venger ? Si nul homme n'est exclu du miracle de la foi, il ne s'ensuit pas que l'on doive « exiger de chaque individu » le don total qu'Abraham, impérieusement appelé, avait consenti dans le secret de son être ou alors, *la foi n'est pas un miracle*. L'intrusion du général en ce domaine interdit, Kierkegaard est d'autant moins fondé à l'admettre qu'elle est la négation même de sa pensée religieuse. Avoir fait de la répétition créatrice la pierre de touche de la foi, c'était condamner par avance la substitution illégitime d'un « devoir » à un « pouvoir », du « libre arbitre » au « choix de soi-même ».

Le ressentiment est pour Kierkegaard la plus dangereuse des tentations : dès lors qu'il y cède sous le couvert de la prédication, il trahit la solitude et l'Unique. Mais tel est son

1. « Der Glaube ist ein Wunder, und doch ist kein Mensch davon ausgeschlossen; denn die Leidenschaft ist allen Menschen, gemein, und der Glaube ist eine Leidenschaft ».

2. *Schuldig ? Nichtschuldig ?*, p. 215.

rapport dialectique à la réalité commune : absente, elle exerce sur lui la fascination des choses inaccessibles; présente, elle comble son ennui et sa misère. Le monde extérieur et le monde intérieur, en lui, s'accusent mutuellement d'inauthenticité et se disputent la prééminence. Dans la vie quotidienne où l'homme se sent étroitement solidaire de ses semblables, pour l'amour comme pour la lutte, où à chaque heure, à chaque instant, des obstacles de toute nature veulent être surmontés, coûte que coûte, où tout s'achète et tout se paie, la *Selbst-quälereì* du poète, le tourment du croyant, irritent et scandalisent. Dépourvus du fondement que donne la nécessité, ils paraissent gratuits, sans saveur ni vertu. Au regard de cette réalité terrestre, faite de résistances à vaincre, de contraintes à exercer, la recherche du salut semble un luxe injurieux. Ce luxe, pourtant, est l'unique raison d'être de l'homme qui ne se sent presque plus homme tant il est seul au sein de l'univers qu'il se crée. Rien ne lui cache l'inutilité des souffrances infécondes, passiment endurées sous la férule du général. Il sait qu'elles ne peuvent décaper les passions, enlever la moisissure des jours de non-existence. L'extrême attention de tout l'être à soi dans le malheur, se fatigue en vain à chercher une issue, et manque son but. Seule persiste la tristesse originelle qui gîte dans la durée même. L'empreinte de Dieu, dans l'individu rétif à la réalité, ne sera profonde que s'il s'effondre sous son propre poids, non sous celui de l'événement[1].

1. *Stadien auf dem Lebensweg*, p. 415, « Bricht aber das Individuum, dass durch die Wirklichkeit nicht gebrochen werden konnte, unter sich selbst zusammen, so wird das Religiöse sich rein und deutlich ausprägen ».

IX

Le tragique et le comique humain n'ont tous deux d'autre origine que « l'incommensurabilité de l'individu à la réalité ». Pour l'homme seul, le mensonge de la collectivité fuyante, tel qu'il se manifeste dans le contraste entre l'autorité du personnage ou du groupe et la carence de la personne, ressortit au comique. Pour la collectivité, en revanche, c'est le mensonge de l'individu solitaire, dénoncé par l'incompatibilité de l'action et de la vie intérieure, qui devient une source inépuisable de comique. Source immédiatement tarie au voisinage de la foi : sitôt admise la possibilité d'une vérité ouverte, *en vertu de l'absurde* seulement, à une clairvoyance passionnée, l'inauthenticité des êtres, quelle qu'en soit la provenance, ne saurait prêter à rire. Aussi bien, le tragi-comique inhérent à l'existence même n'est pas uniquement l'expression d'un désaccord entre une possibilité imaginaire et une possibilité réelle, d'un malentendu qui fausse le rapport de l'intention à la réalisation. « La possibilité d'une existence religieuse au-dessus d'un abîme de 70.000 brasses de fond n'est pas une possibilité imaginaire mais, au contraire, pour tout homme une possibilité réelle : l'homme peut devenir ce qu'il y a de plus élevé, dit l'être religieux, parce qu'il a été établi en vue de cette élévation. Qu'il ne le devienne pas est tragique, et que néanmoins, il le soit, est comique : en effet, cette possibilité que Dieu même lui ménage, il ne la peut anéantir »[1]. Cette chance suprême qu'il soupçonne qui lui est accordée, il craint de lui

1. *Stadien auf dem Lebensweg*, p. 437.

échapper et n'ose s'en saisir. Ainsi, le tragi-comique, dans l'homme, tient essentiellement à l'ambiguïté de sa condition même. Toute existence humaine, pour Kierkegaard, est, par définition, d'autant tragique et comique, à la fois, qu'elle s'élève davantage et que sa défaillance entraîne des risques plus lourds.

Plus on souffre, dit-il, plus le sens du comique augmente. L'on n'acquiert que dans la plus profonde douleur la bonne conscience et la souveraine liberté dans l'usage du comique, qui d'un mot magique se permet de transformer en grotesque la créature raisonnable nommée homme... Cette liberté dans l'usage du comique n'est acquise qu'au prix de si grands tourments qu'un homme se ne s'aviserait guère de la convoiter. Le sentiment comique s'empare de moi en particulier lorsque ma souffrance me met en relation avec d'autres êtres[1]. La notion du comique, on le voit, n'a rien d'abstrait chez Kierkegaard; il l'a puisée à même la vie, ainsi qu'en témoigne ce texte. Plus intimes, plus complexes se font les rapports entre sa pensée et son existence, plus indispensable lui paraît le sens du comique en son rôle de justicier de l'affectivité. Un usage quotidien lui a prouvé qu'il était merveilleusement efficace contre l'apitoiement sur soi-même et la « Selbstquälerei ». En privant l'individu de l'humaine, trop humaine satisfaction de choyer sa souffrance, le sentiment du comique prépare les voies de l'ascétisme. D'où l'importance toute particulière que lui attribue Kierkegaard. Il dissipe les nuées de la « Schwermut »

1. *Schuldig? Nichtschuldig?*, p. 220-221. Nietzsche, *Volonté de puissance*, II, p. 368 : « L'animal le plus souffrant qui soit sur la terre est celui qui a inventé – le rire ».

et découvre sans ménagement la dure limpidité du ciel tragique. Qu'est-ce, en effet, que la « Selbstquälerei » pour la foi ? Il s'agit, répond Kierkegaard, de découvrir *soi-même* toute la possibilité du péril, de découvrir *soi-même*, et à tout instant, la réalité du péril... Mais ensuite, il s'agit, *au même instant*, d'être joyeux. Comment en vient-on à la Selbstquälerei ? En s'arrêtant à mi-chemin... Ce n'est pas dans la découverte du danger que réside la Selbstquälerei... mais dans l'incapacité de parvenir à la joie. Et ceci, dit l'être religieux, n'a rien de comique ; il n'est pas nécessaire, non plus, de verser à ce sujet des larmes de compassion esthétique : car il est damnable de ne pas atteindre la joie. L'on doit y parvenir. Celui qui n'y parvient pas en porte lui-même la faute »[1]. Cet ordre impérieux, il se l'intime tout d'abord à lui-même, sachant fort bien, néanmoins, « qu'il est certaine chose que l'on veut, que l'on veut même de toute sa passion, et que l'on ne peut accomplir »[2]. Cela seul qui importe – le don, le surplus, la grâce – Kierkegaard est contraint d'avouer que l'effort d'une volonté passionnée, en quoi il met tout son espoir, est impuissant à l'obtenir. De toute part, l'ascétisme se heurte à cette infranchissable limite. Il ne suffit pas d'exterminer en l'homme l'exigence de bonheur pour que Dieu règne. En assignant à la foi comme but suprême et dernier achèvement la conquête de la joie, l'ascétisme kierkegaardien rejoint le dionysiaque nietzschéen : il ne s'agit pas de quiétude et de paix mais d'une transfiguration de la vie en face de la mort.

1. *Stadien auf dem Lebensweg*, p. 436.

2. *Schuldig ? Nichtschuldig ?*, p. 313, « Es gebe etwas dass ich will, sogar mit meiner ganzen Leidenschaft will, und doch nicht kann ».

Répandre à pleines mains les biens que la mort arrache un à un, la prévenir, la devancer de toute manière, rechercher avant qu'elle ne l'impose, le dénuement de l'agonie, lâcher prise avant qu'elle ne l'ordonne, c'est la victoire la moins douteuse de la volonté de puissance. Victoire précaire, cependant, qui retarde de fort peu le triomphe de la nécessité. Seul cet instant d'inexprimable félicité où la palpitation lointaine se rapproche et se confond, l'espace d'un éclair, avec les battements de son propre cœur, apporte à l'homme délivré la réponse inespérée.

Il n'y a pas de débat entre Dieu et l'homme, dit Kierkegaard. « Au moment où Dieu parle, il se sert, pour lui parler, de l'homme même auquel il parle. C'est pourquoi il possède la puissance et peut, à tout instant, terrasser l'homme par sa parole… Ici, le plus léger chuchotement comble de plus de joie, le plus léger chuchotement effraye davantage que d'entendre Dieu tonner sur la terre du haut de son trône de nuages. Aussi, point de dialectique avec lui. Dieu tourne contre l'homme même la force dialectique qui est en l'homme »[1]. Ces quelques lignes résument le procès pendant où l'individu est à la fois juge et partie, accusateur et défenseur; elles disent l'essentiel sur la relation de l'existence au Dieu qu'elle se donne, telle que Kierkegaard l'a non seulement conçue, mais vécue, jour après jour. On y découvre le fondement inébranlable de sa foi : la certitude implicite que l'existence sans Dieu n'est si l'on peut dire, qu'un non-être masqué. Loin de l'entamer, les doutes, l'anxiété, les remords, l'ont sans cesse affermie et fortifiée. Il est pourtant des cas très rares où, pour se

1. *Schuldig ? Nichtschuldig ?*, p. 285.

faire entendre de Kierkegaard, Dieu, semble-t-il, emprunte d'autres arguments que ceux dont use cet irréconciliable persécuteur de lui-même. Au seuil de ces instants, la dialectique, riche en tortures et en délices, se trouve court, l'obsession de la voix humaine cesse, le mal se tait comme s'apaise le tumulte intérieur lorsqu'il est repris et couvert par le rythme insaisissable du vaste mouvement de la mer. Cette étrange conversion du plus obscur de l'être en une clarté imprévue n'est jamais plus évidente, chez Kierkegaard, qu'à l'approche de sa mort. Peut-être fallait-il qu'il fût « angoissé à l'extrême, jusqu'à la mort et à la destruction » pour que son « secret », dégagé de sa gangue, ne fît plus obstacle à la transparence et qu'enfin s'effaçât, dans ce rayonnement, la désolation de sa vie. Relevé par la mort de sa faction dans le repentir, il put avouer à son ami Boesen qui l'était venu voir à l'hôpital :

> Le seul moyen de transport qui reste, c'est qu'on me soulève. J'ai l'impression de devenir un ange, d'avoir des ailes. C'est bien cela qui se passera : se trouver à califourchon sur un nuage en chantant; Alleluia, Alleluia, Alleluia! Tout le reste est mauvais. Je ne pense pas que ce soit mauvais, ce que j'ai dit, mais je ne l'ai dit que pour l'écarter de ma vie et pour arriver à Alleluia, Alleluia, Alleluia !

Ici, le dilemme est tranché où l'enfermait sa pensée : vivre sans foi et n'exister pas, ou vivre en croyant et mourir à l'existence. Cette joie, non plus que le reste, Kierkegaard « ne peut la partager avec personne ». Donner tout, ne partager rien, tel a été le lot de sa « vie d'exception ».

Au plus fort de l'attaque contre l'Église, un jour après que l'Avertissement à l'*Apprentissage du Christianisme* eût poussé les choses à bout, Régine Schlegel s'arrangea à rencontrer Kierkegaard dans la rue[1]. Elle devait partir le jour même pour les Indes où son mari était nommé gouverneur. Elle passa tout près de lui et murmura d'une voix étouffée : « Que Dieu te bénisse, puisse tout aller bien pour toi ». Il recula légèrement et, en silence, la remercia d'un salut. Plus tard, il dit combien il était heureux de l'avoir revue.

Si l'on veut, ce n'est rien, ou si peu de chose. Et pourtant, il semble qu'en cette minute tombent les « lourds barreaux de fer du malentendu », silencieusement arrachés par une invisible main. Un rayon pur perce enfin la morne vitre. Il suffit de cette rencontre pour que tout soit pardonné : la bénédiction de Régine réconcilie Kierkegaard avec son passé. Peu de temps après, en pleine lutte, la maladie le délivre. Tout abandonné à la mort comme à l'enchantement de la « nymphe furtive » dont la coulante fraîcheur détendait son enfance, il finit de vivre en une paix aérienne, ayant trouvé « un lieu où reposer, sa tête fatiguée... son âme fatiguée », et son infatigable pensée.

Avril 1934

1. Cf. Geismar, *Sören Kierkegaard*, Göttingen, 1929, p. 633.

CHESTOV DEVANT NIETZSCHE

I

> « Es ist schön die Dinge zu betrachten, aber schrecklich sie zu sein », Nietzsche, X, 324.

Que nous veut Chestov ? Que nous demande-t-il avec cette insistance, cette sourde véhémence qui donnent tant de force à son réquisitoire ? Rien de moins qu'un renoncement total à l'idée que nous nous faisons de la philosophie. Exercer l'activité philosophique, suivant Chestov, ce n'est pas se déprendre pour comprendre, ce n'est pas recréer indéfiniment l'espace de la médiation, ni inventer le mot-clef qui, aux confins de l'intelligible, recule l'horizon de la connaissance mais, au contraire, exclure, ébranler, mettre en pièces la totalité, perdre le Sens. Au lieu de partir de l'expérience la plus nue, intuition première d'un fait primitif central, pour englober peu à peu toute réalité dans son mouvement dialectique, la philosophie, changeant sa démarche initiale, se jetterait d'un bond hors du concevable pour questionner l'évident. Chestov nous somme de choisir : s'il est dans le vrai lorsqu'il refuse d'accepter les limitations de la réalité comme autant d'occasions de victoire, les philosophes qui, de Socrate à Spinoza, nous enseignent la conformation à la nécessité ne sont que de faux sages et de faux guides. S'il s'égare en faisant de « la lutte pour l'impossible » le principe de toute philosophie, tranchons contre lui le dilemme qu'il nous propose. Pourquoi donc hésitons-nous à le traiter d'insensé ? Ne trouve-t-il pas en nous-mêmes, peut-être, une intelligence ? Ce je ne sais quoi de dément, d'éternellement insoumis, qui ne veut pas s'accorder à l'ordre des choses, assumer la faute et l'échec, connaître son destin[1]...

Que la limite posée par l'évidence ne corresponde pas à une limite du réel, que l'interdiction de passer outre ne résulte pas de l'obstacle mais le crée – ce soupçon à lui seul, pour Chestov, fait le réveil de la philosophie. « Une hypothèse irréfutable, est-ce une raison pour qu'elle soit vraie ? Cette proposition révolte peut-être les logiciens qui donnent pour limites aux choses leurs propres limites, mais voici longtemps que j'ai déclaré la guerre à cet optimisme de logiciens », écrit Nietzsche. Chestov, lui aussi, a déclaré la guerre à la satisfaction d'esprit que donne le culte de l'évidence. Mais l'absolu au nom de quoi il la mène, comment le saisir ? Chestov ne me dit pas où s'opère le contact entre « ma vérité » et la vérité de Dieu ; sa philosophie n'évoque ni les instants concrets où Dieu est – où je n'ai que faire de croire en lui, *parce qu'il est* – ni les longs espaces où Dieu absent devient l'objet d'une foi.

1. *La volonté de puissance*, texte établi par F. Wuerzbach, trad. fr. G. Bianquis, Paris, NRF, 2 vol., 1935-1937, t. I, p. 98.

N'attendons pas qu'elle nous éclaire les phénomènes de la vie religieuse de l'individu. Elle ne décrit pas, elle attaque, elle riposte – instituant par toutes ses démarches une dialectique de la récrimination. Au fond, le problème de Chestov pourrait, je crois, être formulé en ces termes : lorsque nous sommes affrontés à l'intolérable, traqués jusqu'à la mort au-delà des forces humaines, le cri primitif de faiblesse et de peur qui nous échappe malgré nous a-t-il un rapport quelconque avec le vrai ? Cette invocation à un Dieu suscité par notre détresse – où la raison ne distingue qu'une réapparition de la mentalité primitive dans l'homme qui s'abandonne et où Chestov reconnaît l'expression même de la vérité – est-elle demeurée sans réponse parce qu'il n'y a pas de réponse ou parce que nous sommes incapables de l'entendre ? La vérité de Dieu garantirait-elle non pas les jugements de la raison mais les postulats de l'absurdité ? De la raison, Chestov hait tout, redoute tout – les complaisances plus encore que les trahisons. Il ne la craint jamais davantage que lorsqu'elle se porte au secours de la foi. En vain, elle nous fournit les armes qui serviront à l'attaquer : elle ne peut que détruire cela même qu'elle prétend sauvegarder. Le philosophe se transformera donc en bourreau de la connaissance. Il ne s'agit pas ici de cette ignorance préservatrice, régulatrice, qui rassure et protège le fonctionnement de l'intellect aux prises avec l'irrationnel, mais d'un non-savoir total, édénique : l'infini non-savoir de l'innocence. D'une certaine façon, la philosophie, d'après Chestov, n'a pas à dévoiler, à déchiffrer, à réciter la vérité, mais à la saisir dans un acte qui crée un nouveau centre de force. Le rôle du philosophe consiste uniquement à préparer l'attente de la révélation.

Demandons-nous ce que peut bien signifier, chez Chestov, cette volonté de non-savoir absolu. N'y faut-il voir qu'une paresse de vivre, un refus de penser, de lutter, un désir caché de mort ? Quelle que soit la répugnance qu'elle nous inspire, nous sentons obscurément qu'il n'en est rien. Au plus profond de nous-mêmes, l'être-voué-aux-supplices, le condamné attaché au poteau, qu'à chaque instant nous sommes ou pouvons devenir, reconnaît profondément pour sienne cette exigence de non-savoir. La réalité désenchantée se contracte en un point obscur et lancinant : « cela n'est pas, cela ne se peut pas », répète le condamné acculé au miracle. Il n'est plus temps pour lui de transformer son échec en expérience à la minute extrême du salut ou du néant. De toutes ses forces, il aspire à la nuit totale de la pensée et de la mémoire, au non-savoir absolu, *comme à un éveil*. À l'étroitesse de l'existence, Chestov répond par l'étroitesse d'une passion unique, d'une pensée non susceptible de développement. Ainsi, la philosophie de l'Espérance démente s'oppose à une philosophie de la banalité pour laquelle « toute l'existence réelle de lutte et de combat, pleine de lumière et de ténèbres »[1] selon les mots de Nietzsche, n'est pas nécessairement « une existence fausse et mauvaise ». Mais peut-être ne nous est-il pas permis de *choisir* entre l'une et l'autre, comme l'exige Chestov. Il m'est aussi impossible de quitter le domaine impur du banal – celui de « ma vie » même, avec ses broussailles et ses éclaircies – que d'y rentrer lorsque l'existence se dépouille. Je n'en puis sortir que par le suicide, la folie, la mort – ou par un acte créateur qui supprime du

1. *Volonté de Puissance*, t. I, p. 165.

même coup la raison d'être de l'activité philosophique. Mais c'est à quoi, justement, Chestov ne veut pas consentir. Certes, croit-il, « la philosophie spéculative, enfantée et écrasée par le péché originel, est incapable de nous délivrer du néant ». En revanche, « la philosophie existentielle qui est si intimement liée à la foi qu'elle ne peut accomplir son œuvre que par la foi, acquiert dans la foi cette dimension nouvelle qui la détache de la philosophie spéculative »[1]. Cependant, plus nous sommes attentifs au discours de Chestov, plus nous retient le sérieux de sa parole, l'accent prophétique de sa voix, plus nous trouble aussi l'impuissance de sa pensée à se détacher de la philosophie spéculative pour accomplir son propre destin. Nous la voyons rivée à son ennemie dans le corps à corps d'une lutte désespérée, tout incapable d'acquérir par la foi cette « troisième dimension » qui l'obligerait peut-être à se nier.

Je perds pied, je suffoque, une lame m'abat, je m'enfonce. De la rive, Chestov m'ordonne : « marche sur les eaux, *tu le peux* ». Cette injonction, si elle m'atteignait, moi qui me noie, me paraîtrait sans doute une dérision. Seul aurait le droit d'exiger l'impossible celui qui lui-même « marcherait sur les eaux » et me donnerait le pouvoir d'en faire autant. Or Chestov refuse de quitter la rive, d'incarner sa vocation prophétique : il se cramponne à la philosophie, à ce qui peut être pensé, exprimé, à ce qui est là parce qu'on en parle avec une certaine force et une certaine intensité. « La question, se demande Chestov, est de savoir si l'on peut s'attaquer aux lois éternelles de la nature avec des cris, des plaintes et des malédictions ». Et

1. Chestov, *Kierkegaard et la philosophie existentielle*, Paris, Vrin, 1936, p. 271.

Nietzsche, de son côté, n'a-t-il pas dit que la qualité du rire détermine le rang du philosophe ? En accueillant les cris et les pleurs, le rire et la louange, la philosophie se libère, il est vrai, des routines que les mots lui imposent, mais en même temps, elle atteint une limite où, avec la contrainte du langage, cesse la pensée elle-même : « nous parvenons à peine à douter que cette limite soit une limite réelle »[1]. Franchir cette frontière, cela ne saurait signifier qu'une seule chose : passer de la réflexion à l'incarnation sans aucun retour possible aux arguments dialectiques, poser un but et y conformer la réalité en courant tous des risques d'un engagement personnel. Suffit-il de haïr et de maudire la volonté d'intelligibilité, de dénoncer comme une source d'erreur le sens qu'elle s'efforce d'introduire dans les choses pour « apporter une aide quelconque à Job écrasé par le marteau de Dieu » ?

En réalité, Chestov délivre *moins par la certitude que par le soupçon*. De la méfiance à l'égard de la raison au rejet total de la raison, il n'y a pas, chez lui, progrès dans la libération. Son doute nous ouvre le possible, sa négation nous emmure. Nous retombons dans le dogme, dans les jugements généraux qu'il condamne lui-même si durement. Ce que nous devons de plus précieux à Chestov, ne serait-ce pas, au contraire, un vide accru par l'arrachement de nos sécurités, une pauvreté qui nous rapproche des origines – la nudité du « non » par quoi Chestov répond à la question qui se reflétera encore dans notre regard d'agonisant !

1. *Volonté de puissance*, t. I, p. 67. « Wir langen gerade noch bei dem Zweifel an, hier eine Grenze als Grenze zu sehen », XVI, 35.

S'il est vrai que « comprendre soit une fin », que la connaissance totale débouche sur le néant, pourquoi la connaissance ? demande Chestov. « Connaître, c'est se reporter en arrière » : pourquoi avons-nous mis notre salut dans cette « régression à l'infini » qui figerait toute vie si elle n'était entravée par l'illusion et la croyance ? Chestov nous rappelle sans cesse que là où rien ne l'oblige à s'avouer vaincue, la connaissance tue l'amour. Mais l'amour est-il absent des moments de puissance qu'elle nous donne – moments de félicité qui supplantent tous les paradis ? Zarathoustra est condamné par sa nature solaire à n'aimer pas, à envier la nuit qu'il ne peut devenir. Et pourtant, cette abnégation extatique et charnelle qui soulève en lui jusqu'au paroxysme la volonté de l'avenir, n'est-ce pas l'amour, *une autre sorte d'amour*[1] ?

Ce qui effraie Chestov n'arrête pas Nietzsche : « Wille zur Wahrheit, das könnte ein versteckter Wille zum Tode sein »[2]. Cette volonté de mort si fortement nouée à la volonté d'avenir dans les profondeurs viscérales de la vie, nous ne pouvons et même, comme le constate Chestov, nous ne *voulons* pas l'en extirper. La connaissance, dans la signification mythique que lui prête Nietzsche, c'est beaucoup plus que le concept de la connaissance – « concept faux… et que nous n'avons pas le droit de construire » si nous admettons que la vérité du réel ne se laisse pas atteindre par le jugement. L'acte de compréhension est infini comme l'intérêt infiniment passionné qui le suscite : il figure l'impossible étreinte du Cosmos, non par la

1. *Volonté de puissance*, t. I, p. 111.

2. « La volonté de vérité, ce pourrait être une volonté de mort déguisée », V, 275.

conscience-en-général mais par l'individu avec toute sa soif : conscience, corps et vie tout entiers. Sous le concept de connaissance se cache ainsi un ensemble de phénomènes d'un caractère aussi complexe, ambigu et contradictoire que celui de l'existence même. Il est vrai que la connaissance détruit la vie en aveuglant l'amour, il est vrai aussi qu'elle augmente la vie en lui imprimant un élan, une vitesse, fût-ce pour la précipiter au néant. « Wir machen einen Versuch mit der Wahrheit ! Vielleicht geht die Menschheit daran zugrunde. Wohlan ! »[1]. Ariane elle-même livre Thésée au Minotaure : « Das ist meine letzte Liebe zu Theseus : ich richte Ihn zugrunde »[2]. Et tel est le supplice auquel elle le voue : en vain le héros de la connaissance cherchera à retrouver « le sens de la terre », en vain il se voudra fidèle à des « buts précis et proches » et n'aura d'autre désir que de « reprendre à l'inconnu, au Tout, ce que nous lui avons donné pour le restituer à ce qui est proche, nôtre »[3]. Ceci, ceci précisément demeure au-dessus de ses forces. L'homme du labyrinthe n'a pas de prise sur l'immédiat; cette réalité qu'il convoite lui déplaît : veut-il la saisir, elle se dérobe; veut-il s'y manifester, elle refuse de recevoir son empreinte. L'existence limitée est son lit de Procuste. Il n'aime que le Tout – ou, entre toutes, la chose impalpable, l'inconnu ou le soudainement reconnu, le réel qui jamais ne devient objet de pensée.

1. « Nous faisons un essai avec la vérité! Peut-être que l'humanité y trouvera sa perte. Qu'importe ! », XII, 410.

2. « C'est là mon dernier amour pour Thésée : je le perdrai », XVI, 253.

3. XV, 381.

Cette passion du défi dans l'aventure de la connaissance, cet autre bonheur plus tentant que le bonheur, Chestov y voit l'expression de la « superbe diabolique », l'iniquité par excellence. Périsse plutôt toute vérité qui prétend enchaîner Dieu lui-même, le faire aussi impuissant que sa créature : « Quoi que la vérité exige des hommes ou des dieux, elle l'obtiendra sans céder un iota. Et la vérité ne ressemble aucunement à Dieu ; la vérité n'est pas l'amour, la vérité est la vérité. En tant que vérité, elle reste toujours fidèle à elle-même ; elle n'a, elle ne peut avoir aucun motif de changer en quoi que ce soit. Lorsque l'amour se heurte à la vérité, l'amour doit reculer : la vérité dispose de toutes les nécessités », de tous les « tu dois »[1]. À quoi Nietzsche répond durement et nettement :

> Peut-être que la passion de la connaissance perdra l'humanité... Notre instinct de la connaissance est trop puissant pour que nous puissions encore goûter le bonheur *sans* connaissance, ou le bonheur d'une forte et solide illusion... Nous préfèrerions tous la destruction de l'humanité à l'abandon de la connaissance[2].

Cette parole de Nietzsche, voilà notre réponse à Chestov – aussi longtemps qu'il reste philosophe. Le *valde bonum* d'avant le péché, d'avant le malheur, nous n'en voulons pas, encore qu'il ne cesse de nous hanter et de nous appeler, de creuser en nous l'attente d'un monde tout différent, où nous-

1. *Kierkegaard et la philosophie existentielle*, p. 283.

2. « Vielleicht dass die Menschheit an der Leidenschaft der Erkenntnis zugrunde geht... Unser Trieb zur Erkenntnis ist zu stark, als dass wir noch das Glück ohne Erkenntnis oder das Glück eines starken, festen Wahns zu schätzen vermöchten... Wir wollten alle lieber den Untergang der Menschheit als den Rückgang der Erkenntnis », IV, 296.

mêmes, enfin, nous serons autres[1]. Nous refusons cette félicité où nous ne reconnaissons pas notre désir, ce je ne sais quoi de nous-mêmes que nous ne céderons jamais. Tout ce que nous sommes, souffrance, vide, néant y compris – que nous le sachions ou non – travaille à notre foi. « Il y a, dit Nietzsche, dans l'homme et dans l'humanité, une force immense qui veut se dépenser, créer : c'est une chaîne d'explosions continues qui n'ont nullement le bonheur pour but »[2]. Au contraire, ce qui domine chez Chestov, c'est l'intime certitude que « la passion infinie de l'homme pour le fini » peut et doit trouver le bonheur ici même et maintenant – dans la foi.

« Les mystères de l'être sont soufflés silencieusement à l'oreille de celui qui sait, quant il le faut, devenir tout ouïe »[3]. Que Chestov ait *entendu* quelque chose d'essentiel, cela n'est pas douteux : en l'écoutant, je prends soudain conscience de ma surdité. Mais la vérité que Chestov a entendue ne m'est pas communiquée : elle demeure la vérité-dont-parle-Chestov. Je ne puis l'incorporer à la substance de mon être comme je fais des révélations d'un Kierkegaard, d'un Nietzsche, dans l'oubli total de toute contingence. Là où l'objet de la métaphysique se rapproche à tel point de l'objet de la foi qu'il tend à se confondre avec lui, nous entrons dans un domaine où la parole ne peut transmettre qu'une réalité déjà faite chair et sang, déjà devenue quelqu'un. « La vérité, dit Chestov, n'est pas constituée de cette matière dont on forme les idées »[4]. En ce

1. « Die Welt wo es anders, wo wir selbst wer weiss? anders sind », XVI, 87.

2. *Volonté de puissance*, t. I, p. 215.

3. *Le pouvoir des clefs*, *op. cit.*, p. 291.

4. *Ibid.*, p. 345.

cas, elle exige un autre mode de communication que celui qui est approprié aux idées. La transmutation d'une vision en réalité audible qui, dans l'ordre de la poésie, épuise le problème de l'expression, ne s'opère ici que d'une manière incomplète, si elle ne se double d'un autre genre d'incarnation. Mais ce mot – et la chose qu'il recouvre – ce n'est pas trop de dire que Chestov les abhorre. « La vérité, écrit-il, a peur [de l'incarnation] comme tout ce qui est vivant a peur de la mort. C'est pour cela que celui-là seul peut la voir qui la cherche pour soi-même et non pour les autres, qui a fait le vœu solennel de ne pas transformer ses visions en jugements obligatoires pour tous et de ne jamais rendre la vérité tangible »[1]. Mais lui-même, en parlant sa vision ne tente-t-il pas – malgré ses dénégations passionnées – de la rendre sensible et tangible ? Pourquoi Chestov croit-il qu'incarner une vérité signifie la « transformer en jugement obligatoire » ? Et si c'était précisément le contraire ? Celui qui a lié sa vérité au mystère compact des êtres (fût-ce d'êtres imaginaires) ne l'a-t-il pas préservée des « brutales mains humaines » qui veulent la saisir « afin de la montrer partout et à tous » ? Si « toutes les vérités incarnées ne furent jamais que des illusions incarnées »[2], Chestov ne cesse donc de les appeler à son secours puisqu'il se réfère constamment à la Bible, au témoignage des prophètes et des saints qui ne furent en réalité que des hommes incarnant de la façon la plus directe et la plus simple cette vérité qu'ils étaient eux-mêmes devenus. C'est précisément ce qu'affirme Kierkegaard lorsqu'il déclare : « Il n'est qu'une seule manière

1. *Le pouvoir des clefs*, *op. cit.*, p. 245.
2. *Ibid.*, p. 246.

de prouver que l'on croit : en souffrant pour sa foi, et l'intensité de la foi ne se manifeste que par l'intensité de la volonté de souffrir pour elle ». À quoi Chestov objecte que « la foi n'exige pas de preuves et n'en a nul besoin ». Sans doute, mais il ne s'agit pas des besoins de la Foi (personnage mythique comme l'Existence, la Fatalité, le Néant), il s'agit d'un individu concret qui aspire à vivre, à manifester, à perpétuer son rapport à Dieu selon sa nature particulière. Quoi qu'en pense Chestov, cette exigence d'incarnation ne relève nullement de la catégorie éthique mais d'un désir plus ancien que toutes les catégories : désir de se dépenser et de se posséder, de se livrer et de s'imposer, de se « prostituer », dirait Baudelaire au sens particulier qu'il donne à ce mot. Elle émane de la région même où naît et se forme en nous la relation au divin.

De la souffrance acceptée comme châtiment ou épreuve à la souffrance voulue comme agent de transformation, il y a toute la distance qui sépare le point de vue de l'éthique du point de vue de la création. Qu'est-ce que la foi sinon l'entrée en jeu d'une force plus puissante en nous que la peur, et même que *la peur de perdre la foi* ? Si, à la minute de la confrontation, la foi n'intervient pas comme le facteur réel d'un changement décisif, elle ne représente rien de plus qu'un état de sensibilité parmi d'autres. De là que pour Nietzsche comme pour Kierkegaard, la volonté d'incarnation se confond avec l'héroïsme : avec « la bonne volonté de périr ». Et l'un et l'autre nous ont parlé d'une foi qui ne donne pas le bonheur :

« Wenn es einen Glauben gibt der selig macht : nun wohlan, es gibt auch einen Glauben der das nicht tut »[1].

« La vérité, dit Nietzsche, est une sorte d'erreur faute de laquelle une certaine espèce d'êtres vivants ne pourrait vivre »[2]. Cette formule où il ramasse toute sa théorie de la connaissance, définit-elle son rapport personnel au vrai – le principe de sa recherche ? À l'aide de quelle vérité future la pensée se détache-t-elle des vérités établies pour saisir de nouvelles possibilités d'interprétation ? Comment parvient-elle à juger la connaissance, à démonter cet appareil de falsification à l'usage de la volonté de puissance sans briser le ressort de la passion du vrai ? C'est là un problème que la philosophie nietzschéenne pose et résout du même coup – par l'exemple. Elle nous apprend par là pourquoi nous ne pouvons habiter un système philosophique – fût-ce le mieux adapté aux exigences de notre esprit et de notre sensibilité – sans nous sentir peu à peu asphyxiés : c'est que le processus de la pensée vivante progressant vers le réel ne s'accomplit pas dans la conciliation mais, *à la fois*, dans la destruction des antinomies que la raison a mises dans l'être, et dans le maintien de la contradiction que l'existence a mise en nous. Jamais la méfiance radicale de Nietzsche à l'égard de la connaissance n'entame sa foi en l'absolue valeur de l'essai qu'il tente avec la vérité. Mais cette affirmation ne se donne pas non plus pour une certitude : le sommet d'où l'erreur apparaît à Nietzsche comme « mère du

1. « S'il est une foi qui donne la béatitude, eh bien, il en est une aussi qui ne le fait pas ».
2. *Volonté de puissance*, t. I, p. 292.

vivant » et source de tout savoir appartient lui-même à la mouvante réalité qu'il surplombe. Lorsque Nietzsche démasque « les fictions inutilisables » à l'aide desquelles s'édifie le monde l'intellect, il n'entend pas mettre en cause la nécessité vitale qui nous oblige à créer du faux sous forme de concepts, de lois, ou simplement de représentations. Après avoir posé dans toute sa rigueur le problème de la valeur de la logique, il n'en réhabilite pas moins l'intellect comme force inventive capable de plier la réalité aux exigences de l'espèce humaine. Si les catégories ne peuvent aucunement nous fournir un critère de la réalité, elles ont leur raison d'être comme moyen « de se tromper intelligemment au sujet du réel » [1]. Sujet, objet, âme, substance – autant d'abréviations de signes qui, assurément, faussent les signes eux-mêmes en imprimant au devenir le caractère de l'être. Mais puisqu'il n'est de connaissance que de l'être, cette falsification du devenir dans le sens du permanent se trouve légitimée par la réussite vitale qu'elle comporte. Ce qui n'empêche pas Nietzsche de détruire par tous les moyens l'illusion perspectiviste qui règle nos rapports avec le monde extérieur et intérieur. « Ma philosophie : arracher l'homme à l'apparence, quel qu'en soit le péril ! Et n'avoir pas peur, dût la vie même y périr [2] !

On voit donc que Chestov et Nietzsche jugent très différemment les vérités contraignantes qu'ils démolissent tous deux. Dans la mesure où elles sont l'instrument d'une volonté de puissance qui se soumet et s'aménage un univers intelligible, Nietzsche les reconnaît valables. « Découverte admi-

1. *Volonté de Puissance*, p. 104.
2. *Ibid.*, p. 32.

rable ! Tout n'est pas incalculable, indéfini. Il y a des lois dont la vérité dépasse la mesure de l'individu »[1]. Il ne s'en prend à la volonté d'intelligibilité que là où, cessant de travailler contre le chaos, elle perd son audace, s'accroche à la légalité, à l'identité du logique et du réel, devient le truchement de l'instinct de paresse, de lâcheté – là enfin où sous l'idée de permanence éternelle s'abrite une vie descendante et débile. « Wille zur Wahrheit als Ohnmacht des Willens zu schaffen »[2].

C'est au contraire la volonté d'intelligibilité elle-même que Chestov veut atteindre à travers la vérité de la raison. Dans la passion de la connaissance, il distingue, lui aussi, une puissance inouïe qui ose se demander : « Comment l'homme, désormais, pourra-t-il subsister avec moi ? »[3]. Et précisément, Chestov est intimement convaincu que l'homme *ne pourra pas subsister avec elle*. Mais, à l'opposé de Nietzsche, il croit qu'il est en notre pouvoir de rejeter le schéma selon lequel la pensée rationnelle interprète les choses – et que là seulement réside le salut. Ce non-sens épaulé par la raison que nous appelons réalité, Chestov le condamne sans appel comme le condamne, au fond de nous-mêmes, la compassion. Quand Dieu passe au centre de l'intérêt, dit Nietzsche, c'est un symptôme de détresse. Peut-être Chestov, dans ce qu'il éprouve d'essentiel – et cette honte de l'impuissance humaine fait sans doute partie de l'essentiel – se sent-il *nié* par l'ordre de choses existant. Il invoque l'Eden – et, avec lui, notre détresse l'exige.

1. *Volonté de Puissance*, p. 285.

2. « Volonté de vérité comme impuissance de la volonté de créer », XVI, 84.

3. *Volonté de puissance*, t. I, p. 206.

Mais tout en l'exigeant, elle n'y *croit* pas : de là, pense Chestov, qu'elle ne *l'obtient pas.* « La terre promise n'existe pas pour l'homme qui “sait” ». La terre promise se trouve là où est parvenu celui qui a la foi, elle est devenue promise *parce qu'il y est parvenu* : *Certum est quia impossibile* »[1].

En discréditant le monde « vrai » du noumène, Nietzsche n'a voulu que redonner du prix au monde « faux » des apparences (seul véritable) à l'ici, à cette vie dont Tolstoï dit qu'elle est tout et qu'elle est Dieu et qu'il la faut aimer dans ses souffrances imméritées[2]. Abolir ces souffrances, ce serait tarir la source de la vie, effondrer le Tout qui collabore à ce que lui, Nietzsche, se sent être avec une force, une intensité, une passion sans égales. Chestov, au contraire, rejette à la fois le monde intelligible, immuable, sans souffrance, de l'Être en soi et le monde déchiré, faux, chaotique de l'existence. Il les dit solidaires l'un de l'autre, portant les mêmes stigmates de la chute. La nécessité qui règle la parfaite horlogerie du Logos n'est que la réplique de la fatalité qui détermine le devenir phénoménal. Que reste-t-il dès lors ? Le désespoir… « On veut sauver les hommes du désespoir? Mais le désespoir est une force immense, formidable et qui ne le cède à aucun élan extatique »[3]. Loin de moi l'idée de vouloir opposer à Chestov

1. *Kierkegaard et la philosophie existentielle*, p. 379.

2. Tolstoï, *Guerre et Paix*, « La vie est tout; la vie est Dieu. Tout se meut, et ce mouvement est Dieu. Tant qu'il y a la vie, il y a la jouissance de reconnaître l'existence de la divinité. Aimer la vie, c'est aimer Dieu. Le plus difficile et le plus méritoire est d'aimer la vie dans ses souffrances imméritées ». Le voilà, justement, le Dieu de Nietzsche, le dieu cosmique dépouillé de son enveloppe de moralité.

3. *Le pouvoir des clefs*, *op. cit.*, p. 222.

l'argument d'efficacité; je ne prétends pas que le désespoir doive être « immédiatement utilisé » ni ne veux spéculer sur son rendement. Mais s'il est des vérités qui craignent les questions, comme l'écrit Chestov, « des vérités qu'on peut voir mais qu'on ne peut montrer », suffira-t-il d'en parler – et même fort bien – pour nous rapprocher de « ce qui précisément nous est indispensable » ?

L'indispensable ? Mais ce qui m'importe essentiellement n'entre pas dans la catégorie de l'indispensable; je ne le connais pas pour tel d'avance. Soudain, dans une brisure de la durée où l'existence tout entière semble changer de signification, j'aperçois que ceci, et non cela, était, est, ou va devenir l'essentiel. Aucune philosophie ne peut se substituer au sentiment personnel de vie et d'authenticité qui me fournit, à tel moment de ma durée, sous la pression de l'événement, l'instance suprême de la valeur. Blessé à mort sur le champ de bataille d'Austerlitz, le prince André[1] découvre que l'essentiel n'est pas cette passion de la gloire qui le tient par le plus vulnérable de son être, mais ce ciel au-dessus de lui, infiniment haut et profond. Plus tard, en d'autres lieux, au sortir de l'hiver, une petite fille débordante d'allégresse ranimera en lui les sources de la vie et lui révélera sa vocation terrestre. Tout, en dehors d'elle, ne lui paraîtra « qu'ennui et ténèbres ». Mais là non plus, il ne lui sera pas accordé de faire halte : à la veille du dernier combat, dans « la clarté froide et inexorable de la pensée de la mort » où se décolorent les chaudes images de sa vie, rien ne subsiste en lui qu'un regret sans limite devant

1. Tolstoï, *Guerre et Paix*.

l'évidence du néant, la vision du devenir universel continuant sans lui, éternellement. Lorsqu'enfin, après la bataille de Borodino, le prince André, sur la table d'opération de l'ambulance, n'est plus qu'une chair humaine déchirée, lorsque, sur le plan individuel, tout est saccagé, piétiné – gloire, amour, activité créatrice – les gémissements lamentables de son rival mutilé lui enseignent la terrible solidarité de la souffrance. Il croit comprendre enfin le sens dernier de l'existence : l'amour de Dieu, l'amour de tous les êtres en Dieu, Mais ce dernier sens, après les autres, s'efface dans l'agonie. La présence réelle de la mort instaure, une dernière fois, un nouvel ordre de grandeur : la vie a tort devant la mort, son chiffre se perd, elle n'est plus rien, elle est le « rien » – seule compte cette présence sur quoi le moribond concentre toute la force d'une suprême attention. Ainsi, chaque fois qu'au voisinage de la mort surgit une signification nouvelle, il semble qu'elle soit la seule vraie, l'unique – et peut-être l'est-elle en effet.

Mais Tolstoï lui-même chez lequel le sens de la valeur authentique domine tout à tel point qu'il n'est, dans son œuvre, détail si infime qui n'ait un lien profond avec l'essentiel – Tolstoï ne désigne pas, parmi ces significations, celle qu'il tient pour véritable. À l'encontre du philosophe dont le métier est de choisir, de nommer d'imposer la valeur qu'il veut unique – Dieu, Volonté de puissance ou Logos, Raison autonome – Tolstoï laisse tout en suspens. Le dernier recours est à l'existence concrète. Seul le degré d'intensité de l'être détermine le besoin, la capacité de tenir quelque chose pour essentiel, vrai et réel, la fidélité à l'unique. Autour de cet « unique nécessaire » dont le contenu ne saurait être fixé ni mis à l'abri des retournements de la vie, l'unité du moi se reforme comme « centre de domination » où se consomme la lutte de toute chose pour le Tout.

Ainsi, Chestov, par là même qu'il pose le problème de la foi sur le terrain de la valeur, nous accule au problème de l'incarnation qu'il prétend éluder.

Dans le terrible dégel que produit la pensée nietzschéenne, tout craque et tout se fend : de grands blocs d'absolu s'en vont à la dérive, les solides fictions de substance, de sujet, de réalité, cessent d'être sûres, le monde stable et permanent des objets idéaux se met à vaciller. L'être n'est plus qu'un concept de relation, la conscience « un instrument grâce auquel ce n'est pas un sujet mais une lutte qui tâche à se conserver »[1]. Dans les ténèbres dont il accepte de se voir entouré, Nietzsche se tient toujours prêt à bondir sur les vérités « dont on ne peut s'emparer que soudainement » (« deren man nicht anders habhaft werden kann als plötzlich »[2]). Désormais, la recherche du vrai ne peut se borner à la suppression des écrans qui interdisent au donné de manifester sa présence et sa loi – car il n'y a pas de donné dans le flux des métamorphoses, et tout est écran, jusqu'à la lucidité même. L'effort de compréhension exige cet assaut indéfiniment renouvelé contre tout ce qui prête au réel le caractère de la légalité, de la rationalité, de l'intelligibilité : entreprise interrompue, jamais terminée, par des catastrophes et des délivrances.

1. *Volonté de puissance*, t. I, p. 25.
2. *Ibid.*, V, 341.

D'une façon tout analogue, la foi pour Chestov tient moins dans la réception de la parole de Dieu que dans le combat contre tout ce qui s'oppose à cette réception. Tant pour Chestov que pour Nietzsche, répétons-le, *la vérité n'est pas à découvrir mais à créer*: création divine, selon Chestov, humaine, selon Nietzsche. « Die Behauptung dass die Wahrheit da sei, ist eine der grössten Verführungen die es gibt »[1]. « Prétendre qu'il y ait une vérité dont on puisse s'approcher par un procédé quelconque » c'est oublier que l'existence de la vérité est suspendue à l'acte de foi qui pose l'inconditionné au-delà du vérifiable. La vérité scientifique elle-même, en son achèvement idéal – « le vrai-en-soi » indépendant de l'esprit qui le conçoit et de la multiplicité des jugements individuels – ne repose, en dernière analyse, comme le remarque Chestov, que sur un postulat : « la confiance dans le sentiment de l'évidence »[2]. Le fiat premier, la croyance en la croyance, voilà donc le fait primitif, le phénomène fondamental qui rend possible la connaissance du conditionné. « Dès l'origine, on tient pour vrai »[3]. Ce qui ne signifie pas qu'il faille déduire le conditionné de l'inconditionné : le lien qui les unit ne se formule pas en termes de causalité. Il se peut que « l'existence ne fasse pas partie des qualités nécessaires de l'inconditionné »[4]. Mais soit que je l'invente, soit qu'il me crée, c'est à travers lui que je participe au réel. La pensée – bien qu'elle ne puisse être déduite de rien – ne constitue pas en elle-même une

1. *Ibid.*, p. 39, XV, 476
2. *Le pouvoir des clefs*, *op. cit.*, p. 331.
3. *Volonté de puissance*, t. I, p. 67.
4. *Ibid.*, p. 31.

réalité première. L'idée de l'inconditionné représente précisément son plus grand effort pour rejoindre l'originel à l'aide de la subjectivité ouverte à l'Autre, investie par l'univers: «fiction régulatrice», dira Nietzsche – révélation, dira Chestov. Et, au fond, n'est-ce pas la même chose?

Il subsiste néanmoins une différence capitale entre la critique nietzschéenne et la critique chestovienne de la raison. Si la vérité, par elle-même, est privée d'efficace et ne s'anime qu'au contact de l'erreur vivante, cela ne signifie pas, pour Nietzsche, qu'elle ait sa source dans la foi. Il ne cesse de le redire: « la seule force d'une croyance ne garantit absolument rien quant à sa vérité »[1]. En fait, il n'y a pas de volonté de vérité, il y a uniquement *une volonté de foi en la vérité*[2], qui se tourne contre d'autres formes de croyance pour les exterminer. Mais cette destruction de l'illusion vitale *est elle-même comprise dans les conditions de la vie.* Nietzsche ne sépare pas le vrai du non-vrai, le mort du vivant, la volonté de connaître de la volonté d'illusion. Cette coupure lui paraît non seulement arbitraire mais profondément sacrilège.

Chestov, au contraire, croit que la vérité *peut être possédée*, que la pensée a le pouvoir de se réveiller de l'erreur pourvu qu'elle brise la force qui l'enchaîne au mécanisme logique. La croyance nous répond de sa vérité; elle n'a besoin ni de fondement ni de garantie d'aucune sorte. Dieu absent, l'existence démantelée est livrée au mensonge: la vérité ne se trouve plus nulle part. Raison de plus pour la créer dans

1. *Ibid.*, p. 75.

2. « Eigentlich gibt es keinen Trieb nach Erkenntnis und Wahrheit sondern nur einen Trieb nach Glauben an die Wahrheit ».

les limites imposées par l'inévitabilité de l'erreur – répond Nietzsche. Ayant percé à jour les fictions du ciel logique, il reconnaît pourtant « qu'y renoncer, c'est ne plus avoir le droit de penser »[1]. Tout ensemble il accepte cette indispensable cécité et refuse passionnément d'en prendre son parti : c'est par sa « belle impossibilité » que la connaissance le tente.

Au-dessus de cette contradiction s'inscrit la mystérieuse parole de Nietzsche : « ein labyrinthischer Mensch sucht niemals die Wahrheit, sondern immer nur seine Ariadne – was er uns auch sagen möge »[2]. Parvenus par des voies opposées aux confins de la pensée, Chestov et Nietzsche retrouvent les mêmes sources : ils rétablissent au-dessus de nous « le ciel divin du hasard », « l'arbitraire suprême de Dieu ».

« Socrate, il me faut l'avouer, m'est si proche que je suis constamment en lutte avec lui »[3]. Chestov pourrait en dire autant. La critique de Socrate forme le point d'intersection où se croisent l'irrationalisme chestovien et l'athéisme nietzschéen. « Socrate, nous dit Chestov, est allé vers la raison, vers le Bien, comme le premier homme a tendu la main vers le fruit de l'arbre de la connaissance »[4]. « Si Dieu créa l'univers, Socrate créa le Bien qui a plus de valeur que l'univers entier »[5]. Pour la première fois, avec Socrate, la duplicité foncière de toute philosophie provoque une confrontation dramatique

1. *Volonté de puissance*, t. I, p. 75.

2. « L'homme du labyrinthe, quoi qu'il puisse nous dire, ne cherche dans la vérité mais toujours, uniquement, son Ariane ».

3. *Volonté de puissance*, t. II, p. 104.

4. « Dans le Taureau de Phalaris », *op. cit.*, t. I.

5. *Le pouvoir des clefs*, *op. cit.*, p. 11.

entre la pensée et le réel. D'une part, la philosophie est recherche d'une certitude-refuge d'où la réalité, niée par le sentiment, puisse être réaffirmée par la pensée, en son principe rationnel ; d'autre part, elle est conscience qu'il n'existe « pas de refuge contre la nécessité », pas de défense contre l'absurde. En acceptant la nécessité, la raison reconnaît implicitement qu'il n'est d'autre force que la force. Or, la raison socratique se donne précisément pour une force d'une autre nature que la force. Il fallait donc que la Moira se transformât d'abord en Logos, que la raison, la nécessité, la négation du vouloir-vivre, ou vertu, ne fissent plus qu'un, et qu'enfin cet Un apparût comme le Souverain Bien, la suprême félicité. Cette opération, Socrate l'a magistralement réussie. Il s'agissait de forger une valeur nouvelle qui permît à l'homme de se passer des biens réels sans dépérir : telle est, en effet, chez Socrate, sous le nom de Souverain Bien, la fonction du *mépris* grâce à quoi la dépendance de fait se convertit en indépendance d'esprit, l'humiliation en revanche, la réalité éphémère en durable irréalité. Dans cette substitution des valeurs apparentes aux valeurs réelles, Chestov dénonce « la doctrine des voies de salut de l'homme déchu » et Nietzsche celle du décadent qui dresse la tyrannie de la raison contre l'anarchie des instincts. Mais alors que Chestov considère la raison autonome de Socrate comme la raison même, Nietzsche la tient au contraire pour une anti-raison qui méconnaît à la fois l'essence de la passion et de la raison véritable : « comme si celle-ci était un être en soi et non pas plutôt un rapport entre diverses passions et divers appétits et comme si chaque passion ne portait pas en elle sa part de raison… »[1]. En vain, l'âme ensorcelée veut se guérir de la démence du corps et cherche le lieu pur, le lieu invisible – empyrée des idées – « où divagation, déraison, terreurs, sauvages amours… cessent de lui être attachées »[2]. Le plus profond enseignement ne lui vient-il pas de la divagation, de la déraison, des terreurs et des sauvages amours ?… Au Dieu bon et sage du Hadès, en sa rassurante immutabilité, Chestov oppose le Dieu changeant de la Bible, qui se repent et se reprend, et préfère les imprécations de Job aux louanges des sages – Nietzsche le dieu en devenir, Dionysos Philosophos, incarnant « l'union nécessaire de la création et de la destruction ». Contre la sagesse socratique et sa libération fictive dans un univers exsangue où l'on ne pénètre qu'après avoir été chassé de l'univers vivant, Chestov prend parti pour l'absurde de la foi, Nietzsche pour la haute sagesse du corps : « der Leib ist ein erstaunlicherer Gedanke als die alte Seele »[3]. En regard du corps – à la fois permanence et passage, monde clos et ouverture sur l'univers – toute conscience lui paraît quelque chose de pauvre et d'étriqué, d'irrémédiablement borné. Seul le corps, en son mystérieux langage, nous révèle le sens de la terre, « ramène à la terre la vertu envolée ». « Aussi longtemps, s'écrie Platon, que nous aurons notre corps et que notre âme sera pétrie avec cette chose mauvaise, jamais nous ne posséderons en suffisance l'objet de notre désir »[4]. Chestov et

1. *Volonté de puissance*, t. I, p. 127.

2. *Phédon*, p. 80 et 81.

3. « Le corps est une pensée plus surprenante que la vieille âme », XVI, 125.

4. *Phédon*, 66 *b* 14.

Nietzsche lui répondent que la « chose mauvaise » qui a frustré l'univers de sa valeur et de son sens, « la grande tentation du néant », ce n'est pas le corps mais « l'idéal ». Le Dieu de Chestov et le Dionysos de Nietzsche figurent ainsi les deux pôles de l'irrationnel que la sagesse socratique a voulu et cru surmonter.

« In dem grossen Strudel von Kräften steht der Mensch und bildet sich ein, jener Strudel sei vernünftig und habe einen vernünftigen Zweck : Irrtum ! »[1]. Qu'y a-t-il donc, chez Nietzsche, au bout de la critique de la raison ? Rien d'autre qu'une raison nouvelle : « la sagesse dionysiaque » – à la fois volonté de conscience et volonté d'ignorance, mythe et vision lucide – qui, loin de vouloir pacifier et concilier, s'installe dans le contradictoire comme dans son élément. Cette sagesse délivrée, perpétuel défi à l'esprit de lourdeur, n'est plus qu'envol au-dessus du chaos, de la nécessité, du tourbillon des astres[2]. En son nom, Nietzsche, tout ensemble, proclame sa volonté d'arracher l'homme aux apparences, et glorifie le monde de l'illusion si riche en significations et en merveilles. « Entoure-toi d'une grande et solide cloche d'ignorance »[3], lui souffle-t-elle. Il est des choses qu'une fois pour toutes elle choisit d'ignorer. Mais si elle-même met des limites à la connaissance, elle refuse un bonheur payé par le sacrifice de la connaissance. Grâce à elle, tout s'anime : la vie, l'homme, le monde rede-

1. « Pris dans le grand tourbillon des forces, l'homme s'imagine que ce tourbillon est raisonnable et a un but raisonnable. Erreur ! ».

2. « Chaos und Notwendigkeit und Wirbel der Sterne das ist die Regel », XII, 243.

3. « Eine grosse, feste Glocke von Unwissenheit muss um dich stehen », XVI, 98.

viennent inépuisablement des réalités dignes de notre attention, de notre amour. La philosophie dionysiaque est essentiellement « une façon d'envisager les choses avec la volonté d'introduire un sens, *un sens nouveau*, dans ce qui a perdu toute espèce de sens » [1] : le courage d'affronter, non d'*accepter*, l'absence-de-toute-signification [2]. Mais s'agit-il bien ici de volonté ? Selon Nietzsche lui-même, ce « sens nouveau » n'est pas une vue de l'esprit, une perspective de plus dans le foisonnement des perspectives mais le « fruit suprême » d'une existence parvenue à sa saison d'éternité, le don de soi à toute chose dans la plénitude du pouvoir de transfiguration.

Nul n'a maltraité la raison comme Nietzsche et nul n'en a été plus épris, ne l'a rendue plus désirable, plus mystérieuse aussi. « Das einzige Glück liegt in der Vernunft... in der Geschwindigkeit des Fühlens und Denkens : alle übrige Welt ist langsam, allmählich und dumm » [3]. Contre ce bonheur-là, Nietzsche, à chaque instant, est prêt à tout échanger : l'allégresse que donne la pensée présente à tout, substituée à tout, satisfait en lui un besoin fondamental de participation et de communication au sein de la solitude maintenue. Dans la sagesse solaire, il exalte la profonde communion de l'homme

1. *Volonté de puissance*, p. 61.

2. « Die Sinnlosigkeit des Werdens... Kein notwendiger Glaube », XVI, 43, [L'absurdité du devenir... n'est pas une croyance nécessaire]. « Einen Sinn hineinlegen – diese Aufgabe bleibt unbedingt immer noch *übrig*, gesetzt dass kein Sinn darin liegt », XVI, 97.

3. « Le seul bonheur possible réside dans la raison... dans la célérité du sentiment et de la pensée : tout le teste du monde est lent, médiocre, bête », X, 415-15.

avec tout ce qui change, meurt, renaît, devient, fend l'épaisseur de la nuit cosmique.

Qu'y a-t-il, chez Chestov, au bout de la destruction du savoir ? Il y a la destruction du péché : « Dieu l'a pris sur lui et l'a anéanti, ainsi que tout le mal qui s'est introduit dans le monde avec le péché... Le Néant cesse d'être maître de la vie »[1]. Il y a la béatitude éternelle (au sens où l'entend Kierkegaard et non Spinoza) par la foi qui « ne sachant rien et ne voulant rien savoir », triomphe de la mort. On ne peut lire les dernières pages du livre sur Kierkegaard sans être saisi, bouleversé par cette « voix qui clame dans le désert et maudit les horreurs du néant », et promet le dépaysement absolu de la joie au-delà de l'imaginable. Il semble qu'elle vienne de plus loin que Chestov lui-même, cette récrimination obstinée, qu'elle ait toujours été là, dans le silence absorbé de l'homme qui sent venir sur lui la chose-sans-nom. Mais au moment où Chestov veut annoncer la résurrection des morts, il nous a déjà entraînés si loin dans les voies du mourant que nous ne pouvons plus rebrousser chemin. L'enthousiasme de la liberté s'éteint dans l'accablement où nous plonge l'inutilité de notre effort, l'impuissance de ce Dieu à qui rien, jamais, n'est possible sans nous. En dépit des apparences, ce n'est pas entre la foi et la raison, mais entre la foi et la vie que se joue le drame de Chestov. Certes, Chestov, comme Nietzsche, nous rappelle sans cesse qu'il est « de terribles puissances qui opposent à la vérité scientifique des vérités d'un tout autre genre »[2], mais

1. *Kierkegaard et la philosophie existentielle*, p. 389.

2. « Es gibt furchtbare Machte die der wissenschaftlichen Wahrheit ganz anders geartete Wahrheiten entgegenstellen ».

ces vérités-là, ni la science, ni la raison ne nous empêchent de les contempler : la vie elle-même les étouffe et interdit de les nommer. La plus grande objection à la foi, quoi qu'en dise Chestov, ne vient pas de la raison abstraite mais de la souffrance physique, extrême borne de notre sentiment de réalité. Si la douleur physique ne traçait à même la chair la limite du possible, la raison commune nous verrait moins dociles à son autorité. Ebaucher une philosophie au-delà d'elle c'est donc, nécessairement, poser une exigence concrète d'héroïsme. Qu'on ne s'y trompe pas : Chestov maudissant le savoir et Nietzsche « le mensonge de la foi en Dieu » obéissent à la même impulsion, poursuivent le même but : soulever enfin « cette pierre roulée sur le sépulcre de l'homme-Dieu… pour l'empêcher de ressusciter » [1]. Il en a coûté aussi cher à l'un de se faire le contempteur de la raison qu'à l'autre l'assassin de Dieu.

II

« Dass er die Zeit nicht brechen kann und der Zeit Begierde – das ist des Willens einsamste Trübsal… Dass die Zeit nicht zurückläuft, das ist sein Ingrimm; "das, was war" – so heisst der Stein den, er nicht wälzen kann » [2]. Tant que cette masse obstrue la vie, la pensée est sans force, sans pouvoir. Ce passé

1. *Volonté de Puissance*, p. 192.

2. *Zarathoustra*, trad. fr. M. Betz, Paris, N. R. F., 1936, p. 137, « Qu'elle ne puisse pas briser le temps et le désir du temps, telle est la plus solitaire affliction de la volonté… Que le temps ne recule pas, c'est là sa colère; "ce qui fut", – ainsi s'appelle la pierre que la volonté ne peut soulever », VI, 207.

qui la courbe, il faut qu'elle le maîtrise. Briser le temps, faire violence à l'état de choses créé par l'irréversibilité du hasard – toute philosophie commence par là... et finit par se construire en fonction de l'inévitable. Nietzsche est sans doute le premier qui, *en tant que philosophe*, choisisse d'être vivant, se veuille en mal de vie, et refuse de se servir des clefs de la mort pour se délivrer du passé. Comment donc obtenir que le fait soit défait non par l'oubli de la mort mais par la vivante mémoire d'une volonté capable d'avenir? « Alles "es war" ist ein Bruchstück, ein Rätsel, ein grauser Zufall – bis der schaffende Wille dazu sagt: aber so will ich es, so werde ich's wollen »[1], répond Nietzsche. Seule la force créatrice qui dévaste la vie en la peuplant d'accomplissements et d'attentes, peut changer le passé parce qu'elle engage l'avenir. Seule, elle répond au destin parce qu'elle-même est un destin. « Ainsi l'ai-je voulu, ainsi le voudrai-je ». La transfiguration du hasard, la rédemption du passé sont l'œuvre d'une volonté qui reconnaît sa propre image dans la fatalité maîtrisée. Grâce à elle, l'imagination s'empare du donné, l'assouplit, l'altère, le modèle en l'interprétant, le rend capable de modifications infinies. En s'identifiant au devenir – « Die ewige Lust des Werdens selbst zu sein » – l'activité créatrice se substitue à la nécessité, lui arrache le sceptre de la toute-puissance: *ego fatum*. Le passé cesse alors de se liguer avec l'avenir pour écraser l'homme; le temps est aboli dans le temps même, dans l'éternel retour de l'instant où le monde du devenir frôle le monde de l'être.

1. « Tout "ce qui fut" est fragment, énigme et cruel hasard, jusqu'à ce que la volonté créatrice ajoute : C'est là ce que je veux ! C'est ainsi que je voudrai », *Zarathoustra*, p. 138, VI, 208.

« Fatum ist ein erhebender Gedanke für den welcher, begreift dass er dazu gehört »[1] – pensée transformatrice où se révèle à Nietzsche le principe de l'immortalité. Toutes choses lui apparaissent dans le mystère de leur dépendance réciproque : chacune d'elle requiert le Tout, est par lui requise. Le plus fragile hasard tient le Tout en suspens. Une telle vision n'a pourtant rien, chez Nietzsche d'une extase contemplative. Ici, l'acceptation de soi-même comme fatalité agissante au sein du devenir préludé au déchaînement d'un pouvoir créateur impatient de se manifester à plein : l'action de grâces est au commencement de tout. « Ne plus prier : bénir ». « Ein Bejahen aus einem überströmenden Gefühle von gestaltender Macht »[2]. Vouloir telle chose entre toutes c'est donc vouloir le Tout sans quoi elle ne serait pas, c'est, justifier à la fois l'être et la destruction, ne juger rien indigne de l'éternité, proclamer à jamais l'innocence du devenir.

Nous voici, semble-t-il, aussi éloignés que possible de Chestov pour qui la réalité commune ne figure qu'une monstrueuse excroissance du péché originel. Ce qui saigne et meurt dans une totale séparation ne saurait donner sa bénédiction à la nécessité. Chestov, précisément, reproche à Nietzsche « de chercher l'éternité pour tout, et par là, de nous mettre devant cette alternative : ou bien accepter tout ce qui a été, ou bien faire que tout ce qui a été n'ait pas été. » Pareille alternative ne se pose pas pour Chestov : « Dieu, dit-il, peut faire en sorte que

1. « Le *fatum* est une pensée exaltante pour quiconque a compris qu'il en fait lui-même partie », IV, 99.

2. « Une affirmation jaillie d'un sentiment débordant de puissance créatrice », XII, 75.

le reniement de Pierre, les persécutions de Paul, l'adultère de David n'aient jamais existé, mais que certaines choses parmi celles qui ont été se conservent dans les siècles des siècles. » « Dieu peut »… Mais pour que cette possibilité devienne réalité, ne faut-il pas que je le veuille, que j'accomplisse, sur un autre plan, un acte tout semblable à celui dont Nietzsche me donne la formule : « changer cette croyance : il en est ainsi, en cette volonté : il en sera ainsi »[1]. Ici encore, Chestov ne dit pas l'événement où le vouloir humain s'articule au pouvoir divin. Et cependant, lorsque Nietzsche affirme « tout est nécessité – tout est innocence », lorsque Chestov répète : « toute nécessité est péché », ils se rejoignent dans le même désir d'échapper par un coup de force à tout le présent, à tout le passé, à « ce passé intenable, manqué, digne d'être nié – laid. » L'innocence retrouvée dans l'enfantement de l'avenir effacera la souillure de l'irréparable : l'ultime échec de la volonté devant ce qui fut. Par delà toutes nos souffrances, nos rancunes, nos malédictions, l'être est acquitté, l'être incompréhensible dans toutes ses particularités concrètes. Mais l'acquittement, ici, n'est pas prononcé par le juge : la victime elle-même l'exige et l'obtient.

Tant pour Chestov que pour Nietzsche, vouloir signifie : *improviser le possible*. Une décision qui intéresse l'existence a ses racines dans le Tout, en tant que ce Tout *n'est pas une entité connaissable*, une totalité démontable et divisible à l'infini. Ce Dieu, ou cette volonté de puissance, qui par le moyen de l'homme agit dans l'homme, se déclare en lui comme une spontanéité irréductible. Ainsi, la négation absolue du péché

1. *Volonté de puissance*, p. 261.

originel, chez Nietzsche, et l'affirmation absolue de la réalité du péché originel chez Chestov, aboutissent, par des voies divergentes, à la même suspension des valeurs fondées sur le postulat du libre arbitre. En réalité, nul n'a jamais voulu ni n'a pu vouloir son passé tel qu'il est : nul n'oserait se dire prêt à le revivre intégralement, jusqu'à la dernière parcelle. « So will ich's, so werde ich's wollen » – « À Dieu tout est possible » – ce sont là des incantations qui tirent leur pouvoir magique de l'instant créateur où elles ont été proférées. Elles évoquent une situation concrète, ou plutôt un renversement total de cette situation, une déchirure de l'existence. Passé l'instant de la révélation, Nietzsche n'aura plus la force de dire : « Ainsi l'ai-je voulu, ainsi le voudrai-je », ni Chestov la force de croire qu'à Dieu rien n'est impossible. Il n'en continuera pas moins à dénoncer sans relâche l'écrasante impuissance de la raison devant le destin, Nietzsche à glorifier en ce même destin la condition absolue de sa liberté. Ces malédictions, autant que ces louanges, font une sorte de charme qui prête à la fatalité une existence plus réelle que celle des êtres de chair et de sang. Soit obstacle, soit tremplin, nous ne concevons jamais la nécessité comme une pure délimitation du possible. Nous ne pouvons éviter que nous n'en fassions quelque objet transcendant à l'existence, quelque divinité sans visage qui exerce sur nous droit de vie et de mort. On aurait tort cependant d'assimiler le Fatum nietzschéen aux forces qui règlent le déterminisme causal. Cette nécessité insondable que Nietzsche, lorsqu'il la chante, nomme « la plus haute constellation de l'être », est sertie dans le libre ciel du hasard : elle n'a plus rien d'une contrainte. « Höchster Fatalismus, doch identisch mit dem Zufalle und dem Schöpferischen. Keine Wiederholung in den Dingen, sondern erst zu schaffen »[1]. Chestov lui-même n'a pas parlé avec plus de hauteur du « lit de paresse de la nécessité », de l'idolâtrie de la nécessité. Rien ne ressemble moins à une soumission servile que cet abandon passionné à tous les risques de l'existence. Comme dans une œuvre parfaite où, à la fois, tout est libre et tout est nécessaire, Nietzsche découvre dans l'absolue nécessité du devenir phénoménal la rupture d'une liberté créatrice. La durée n'est elle-même que lutte du devenir où la liberté se mesure avec l'instant et l'éternité. Nietzsche ne l'a jamais conçue comme un don, un désenchaînement, une guérison, mais uniquement comme la conquête d'une volonté plastique capable de pétrir et de modeler la réalité à son image.

La philosophie, pour Chestov comme pour Nietzsche, est d'abord « l'expression d'un état d'âme extraordinaire », d'une expérience exceptionnelle qui, d'ailleurs, comme le dit Chestov, « ressemble si peu à ce que les hommes trouvent d'habitude dans l'expérience qu'elle leur paraît fantastique ». En cet état d'inspiration, raconte Nietzsche, « on entend, on ne cherche pas, on prend on ne demande pas qui donne… Toute cela se passe involontairement comme dans une tempête de liberté, d'absolu, de force, de divinité… »[2].

Cette fulguration qui dénude le passé jusqu'en ces derniers replis change brusquement le rapport du temps à la mort;

1. « Le plus haut fatalisme, au fond identique au hasard et à la force créatrice. Pas de répétition dans les choses, il faut d'abord la créer », XIV, 301.

2. *Ecce Homo*, p. 117.

contemplant son passé, Nietzsche n'y perçoit plus trace d'absurdité, d'arbitraire : tout y semble un appel anticipé à la destinée future « qui règne sur nous longtemps avant que nous ayons les yeux ouverts à sa lumière. » Tout autre, la révélation de Chestov. Par ses propres forces, l'homme ne peut faire que ce qui a été n'ait pas été. Ce n'est pas de lui-même qu'il doit attendre sa délivrance. Pour sauver le passé, il ne faut pas se retourner en arrière mais se précipiter en avant, vers cet avenir qui n'a pas la figure du destin, qui n'aura pas de place dans l'histoire, vers cet avenir qui est Dieu.

De telles attitudes ne se discutent pas : nous nous heurtons ici à ce « sentir fondamental » en vertu de quoi plus un être existe avec force moins il réussit à échapper à soi-même. Ainsi, Nietzsche, ayant compris que le principe de contradiction « ne contient aucun critère de la vérité, mais seulement un impératif sur ce qui doit être tenu vrai » (*was als wahr gelten soll*) ne tend qu'à mieux adapter sa pensée au rythme de l'Être cosmique, à « désapprendre les antinomies » que l'intellect a mises dans la nature et qui n'y seraient pas sans lui. De là que le Fatum apparaît chez lui, tout ensemble, identique au hasard et au pouvoir créateur ; que l'Éternel Retour est à la fois répétition et invention, devenir nécessaire et libre éternité. Sa philosophie tout entière se modèle sur le devenir qu'elle veut étreindre et, comme lui, trouve son unité dans son mouvement même – vaste, inégal et complexe – de force en transformation incessante. Il n'est pas jusqu'aux fantasmes de l'esprit qui ne lui offrent, dans le spectacle de leur confiait, une occasion « *de reconnaître la nature* » [1], de la redécouvrir, de la réinventer.

Nul doute que Chestov ne tienne ce « naturalisme » pour l'erreur capitale de Nietzsche. Lorsqu'il répudie le principe de contradiction et le principe d'identité, il ne souhaite pour sa part qu'anéantir « la catégorie du tout naturel » [2] que Nietzsche veut rétablir dans toute sa rigueur. « Je ne sais, écrit-il, qui a introduit le premier l'usage du terme – « naturellement »... – je sais seulement qu'il faut aujourd'hui posséder une audace immense pour se débarrasser du pouvoir de ce mot » [3]. Ce « naturellement », Chestov ne s'y trompe pas, ne nous permet d'adorer qu'un Dieu « dont les possibilités sont fixées par les structures mêmes de l'être », un Dieu qui obéit à la nature et n'en est pas le maître. Ne serait-ce pas pour réconcilier le divin et le naturel que Nietzsche a substitué à Dieu la Volonté de puissance?

Nietzsche ne nous dit nulle part ce qu'est la volonté de puissance; en revanche il dit, avec insistance, ce qu'elle n'est point:

> Cela devrait être quelque chose qui ne fût ni sujet, ni objet, ni force, ni matière, ni esprit, ni âme! – Mais, me dira-t-on, pareille chose doit ressembler à s'y méprendre à un fantasme. Je le crois moi-même: et il serait fâcheux qu'il en fût autrement! Bien entendu, cela doit aussi ressembler à s'y méprendre

1. *Volonté de puissance*, t. I, p. 237.

2. Formule que j'emprunte à G. Marcel, « Position et approches concrètes du mystère ontologique » dans *Le monde cassé*, *op. cit.*, p. 260.

3. *Le pouvoir des clefs*, *op. cit.*, p. 278.

> à tout ce qui existe et pourrait exister, non seulement à un fantasme. Cela doit avoir ce grand air de famille avec le Tout, qui fait que le Tout s'y reconnaît[1].

Il ne cesse de nous mettre en garde contre une fausse interprétation – soit matérialiste, soit idéaliste – de la volonté de puissance : « on n'arrivera pas à découvrir la cause de d'évolution : il ne faut pas vouloir la comprendre comme un « devenir », moins encore comme « devenu »... La volonté de puissance ne peut être le résultat d'un « devenir »[2]. Que si enfin il s'efforce malgré tout d'en donner quelque définition, il ne trouve finalement qu'un mot-chiffre, moins qu'une métaphore, une flèche qui indique à la pensée une piste : « Der Wille zur Macht nicht ein Sein, nicht ein Werden, sondern ein Pathos » (XII, 113). En réalité, la volonté de puissance demeure aussi incaractérisable que l'Être absolu de la foi. Chestov, dès lors, n'est-il pas fondé à prétendre « que le *Creator omnipotens* de Luther s'est métamorphosé chez Nietzsche en ce « Wille zur Macht » qu'il opposa au « bien » de Socrate ? »[3].

1. « Das müsste etwas sein nicht Subjekt, nicht Objekt, nicht Kraft, nicht Stoff, nicht Geist, nicht Seele – aber man wird mir sagen, etwas dergleichen müsse einem Hirngespinste zum Verwechseln ähnlich sehen ? Das glaube ich selber : und schlimm, wenn es das nicht täte ! Freilich : es muss auch allem Andern was es gibt und geben könnte, und nicht nur dem Hirngespinste zum Verwechseln ähnlich sehen ! Es muss den grossen Familienzug haben an dem sich Alles mit ihm verwändt wiedererkennt... », XIII, 229.

2. *Volonté de puissance*, t. I, p. 221, « Man kann das was die Ursache dafür ist, dass es überhaupt Entwicklung gibt, nicht selbst wieder auf dem Wege der Forschung über Entwicklung finden ; man soll es nicht als werdend verstehen wallen ; noch weniger als geworden... Der Wille zur Macht kann nicht geworden sein », XVI, 155.

3. « Dans le Taureau de Phalaris », *op. cit.*

Dans les pages ardentes et vraiment divinatoires qu'il a consacrées à ce problème, Chestov a fortement mis en lumière le caractère religieux de l'athéisme nietzschéen. Il y reconnaît cet élan vers l'inconcevable, cette exigence de dépassement qui crée son objet en même temps qu'elle le découvre. Dieu, volonté de puissance – un tel « objet » n'est pas définissable par ses prédicats : ni être, ni devenir, à proprement parler, ni cause, ni fin, mais présence partout décelée. Par le seul emploi du mot « pathos », Nietzsche, en effet, situe la volonté de puissance sur un tout autre plan que celui de l'objectivité. Et cependant, elle n'en représente pas moins, à ses yeux, un fait premier objectivement vérifiable dans toutes ses manifestations : « Der Wille zur Macht... ist die elementarste Tatsache aus der sich erst ein Werden, ein Wirken ergibt »[1]. Paroles d'autant plus troublantes qu'elles en contredisent d'autres, non moins essentielles : « Die Notwendigkeit ist kein Tatbestand, sondern eine Interpretation »[2]. Ainsi, ce « pathos » insaisissable à quoi finalement se réduit la volonté de puissance, Nietzsche en fait, malgré tout, une donnée objective « qui reste vraie au-delà de la mesure de l'individu ». Mais gardons-nous d'oublier que, pour lui, l'objectivité tout entière est l'œuvre des passions, qu'il y voit le produit d'une lutte entre certaines forces affectives d'ordre irrationnel, maintenues en équilibre par leur opposition même. Et c'est là préci-

1. « La volonté de puissance... est le fait le plus élémentaire d'où procède un devenir, une activité », XVI, 113.

2. « La nécessité n'est pas une constatation de fait, c'est une interprétation », XVI, 35.

sément ce qui lui permet de définir la volonté de puissance à la fois comme pathos et comme phénomène élémentaire.

Plus encore qu'une réincarnation de Dieu, reconnaissons en elle une volonté de déité qui se pose en rivale absolue de Dieu. À la fatalité, Nietzsche dit : « que Ta volonté soit faite et non la mienne », mais il ajoute aussitôt : « ainsi je le veux ainsi je le voudrai. » Porté par elle, l'homme peut tout oser – dans les limites de son pouvoir créateur. Mais qu'il ne s'égare pas dans l'irréalisable : « Weder ins Unbegreifliche dürft ihr eingeboren sein, noch ins Unvernünftige » [1].

À ce refus de l'Absurde, chez Nietzsche, Chestov n'a pas voulu s'arrêter. Dans sa lutte contre « les vérités générales et nécessaires » il souhaite avoir Nietzsche à ses côtés et n'hésite pas à identifier la doctrine nietzschéenne de la décadence avec sa propre conception du péché originel. Il est certain, en effet, que la notion de décadence représente sur le plan rationnel l'équivalent de la notion du péché sur le plan religieux, que le « décadent » de Nietzsche ressemble comme un frère à « l'homme démoniaque » de Kierkegaard. Tout comme celui-ci il est, nous dit Chestov, « condamné par une force hostile à voir son salut où l'attend sa perte. » Plus il se débat, plus il s'enlise. Qu'il se réfugie auprès de Dieu ou se rassure auprès de la raison, qu'il demande à l'éthique de lui imposer un devoir pour le dispenser de vouloir, il ne souhaite que s'enfermer dans un monde de contemplation où il se sente invulnérable. Mais, en même temps, la violence est son unique stimulant : seule encore le subjugue la fascination de l'excès, « la magie de

1. « Vous ne devez avoir votre patrie ni dans l'inconcevable, ni dans l'absurde », VI, 123.

l'extrême». Croyant poursuivre le salut, il cède à quelque vertige de la pureté. Le besoin d'édification apparaît ici mystérieusement lié à la rancune, au désir d'infliger la souffrance pour soulager son propre mal.

Mais tous ces phénomènes de la vie déclinante, Nietzsche leur reconnaît une raison d'être : il les intègre au processus du devenir. Tels quels, ils lui sont une incitation à repartir sur nouveaux frais à reconquérir la santé pour l'exercice de la grandeur.

Il subsiste néanmoins, quoi qu'en dise Chestov, une incompatibilité absolue entre l'exigence de salut et la volonté de santé, entre une conception du péché fondée sur la possibilité de la grâce, et une doctrine de la décadence fondée sur une libre estimation de la grandeur. Là où la vie se mesure à ses réussites extrêmes, à son surplus de force créatrice, à sa capacité de dépense et de dépassement, l'idée de rachat individuel n'a plus de sens ni d'urgence; tout échec se justifie : « Man begreift wie Alles, so wie es gehen sollte, auch wirklich geht : wie jede Art Unvollkommenheit mit hinein in die höchste Wünschbarkeit gehört »[1].

On ne peut s'opposer davantage à Nietzsche que ne le fait ici Chestov. C'est peu de dire qu'il hait cette approbation : il ne la distingue même pas de l'acceptation aveugle qui de dépouillement en dépouillement nous achemine vers la mort. Tout ce qui représente a « l'équilibre doré » – des choses « l'accalmie de l'âme » où la douleur s'épanouit en contem-

1. « On comprend que tout va vraiment comme tout devrait aller; que les imperfections de tout ordre font partie de la plus haute réalité désirable », XVI, 362.

plation, l'instant parfait de suspens entre le oui et le non – lui demeure plus que suspect. Il n'y voit que les sortilèges du Tentateur qui s'insinue entre l'homme et le réel. « Ecarter le serpent, ce n'est pas échapper à son pouvoir, c'est au contraire s'y abandonner entièrement puisqu'on renonce à lutter contre lui », c'est frustrer le fini de sa chance d'éternité. Mais cette lutte même ne suffit pas à dissiper des enchantements du néant : il y faut un miracle que Chestov ne cesse d'attendre, d'espérer, d'exiger. Or, ce miracle, lui fût-il donné de l'accomplir, Nietzsche n'en voudrait pas. Toute promesse de délivrance qui dépouille le présent de son caractère ambigu, inconsistant, décevant, qui l'allège de son poids de souffrance, lui semble impie par rapport à l'avenir. Car cet informe présent lui apparaît *conditionné par le futur plus encore que par le passé*. Et telle est chez lui l'anticipation passionnée de l'avenir qu'il n'existe pas de laideurs, d'horreurs et de mutilations qui ne lui paraissent sanctifiées si elles en accompagnent la gestation et l'enfantement : « Die Wehen der Gebärerin heiligen den Schmerz überhaupt – alles Werden und Wachsen, alles Zukunft – Verbürgende *bedingt* den Schmerz... »[1]. Rien ne lui coûte trop cher de ce qui peut hâter la naissance de l'avenir dont il sent en lui-même les premiers tressaillements. « Lust an der Vernichtung des Edelsten und am Anblick wie er schrittweise ins Verderben gerät : als Lust am Kommenden,

1. « Les douleurs de la femme en travail sanctifient toute douleur : tout devenir, toute croissance, tout ce qui est gros d'avenir conditionne la douleur », XIII, p. 172.

Zukünftigen welches triumphiert über das Vorhandene noch so gute »[1].

Pour Nietzsche, l'origine de la philosophie est peut-être, comme le veut Chestov, la déception, non l'émerveillement; mais la philosophie elle-même tout entière ne sera, dès lors, que la conquête du pouvoir qui permettra de surmonter cette déception fondamentale. D'une certaine manière, Nietzsche est d'avance payé de tout, et même de la folie qu'en une bouleversante prémonition il a entrevue et appelée sur lui. « Envoyez-moi la folie, habitants des cieux ! La folie pour que je parvienne enfin à croire en moi ! ». Lorsqu'après cela, Nietzsche nous affirme que la nécessité ne l'offense pas, il faut l'en croire. Qui sait mieux que lui « qu'il n'est pas de refuge contre l'idée de nécessité ? ». Et cependant, cette certitude ne l'a pas anéanti. Bonheur de créer – unique liberté que Nietzsche connaisse et proclame, compensation inouïe que le destin lui accorde. Il a beau avoir épuisé jusqu'à la nausée de vivre toute l'horreur de la répétition. « Ich will das Leben nicht wieder… » avoue-t-il – et ne supporter la pensée de l'Éternel retour que grâce au souvenir de l'instant immortel où le terrassa cette révélation[2] – la mort, semble-t-il, ne peut rien sur lui – « Ich will das Leben nicht wieder… Wie habe ich's ertragen? *Schaffend.* Was macht mich den Augenblick aushalten ? Der Blick auf dem Ubermenschen, der das Leben bejaht. Ich habe

1. « Plaisir de voir détruire l'homme le plus noble et de le voir s'enfoncer pas à pas dans la perdition : en tant que désir de ce qui doit Tenir, de ce qui est futur, de ce qui triomphe du présent, si bon soit-il », XV, 443.

2. « Unsterblich ist der Augenblick wo ich die Wiederkunft zeugte. Um diesen Augenblick willen ertrage ich die Wiederkunft », XII, 371.

versucht es *selber* zu bejahen – ach ! »[1]. Qu'importe cet *hélas*, Nietzsche, « le plus misérable des hommes » et le plus abandonné, dans la solitude où il est caché comme dans la mort, Nietzsche n'a jamais douté de soi ni de l'avenir qu'il annonçait. Les Dieux qu'il implorait l'ont exaucé.

Pour entrevoir, sinon pour mesurer la puissance d'une telle foi, il n'est que d'ouvrir les yeux sur l'infinie désolation de cette existence dévastée par la souffrance et le génie. Certains aveux, comme arrachés par lambeaux, en disent assez long là-dessus[2]. Si, malgré cela, Nietzsche a pu trouver en soi de quoi proférer le oui de l'Éternel Retour, c'est que d'avance il voyait l'avenir et a cru en son pouvoir de le déterminer, « nach Jahrhunderten leuchten, vorausbestimmen der Zukunft »[3].

À la question « que vaut la vie ? », Nietzsche a dit et répété qu'il n'y avait pas et qu'il ne pouvait y avoir de réponse. Ce problème déborde l'être qui le pose et n'est jamais résolu que partiellement et partialement. Et cependant, l'individu ne peut se dispenser de juger la vie ou de subir son jugement. La question sur la valeur de la vie contient une mise en demeure : s'y dérober, c'est encore une façon d'y répondre. Nietzsche lui-même, après avoir montré que « la valeur globale du monde ne peut être appréciée », ne cesse de se demander ce que vaut la vie, ce que peut l'homme. Que le monde lui ait déplu,

1. « Je ne veux pas recommencer la vie... Comment l'ai-je supportée ? *En créant*. Qu'est ce qui permet d'endurer l'instant ? La vision du surhomme qui affirme la vie. J'ai tenté de l'affirmer moi-même, hélas… », XII, 359.

2. *Volonté de puissance*, t. II, p. 113, « La nostalgie sans but, la question la plus douloureuse, la plus déchirante, celle du cœur qui se demande : où pourrai-je me sentir chez moi ? ».

3. « Resplendir après des siècles, prédéterminer l'avenir », XIV, 301.

Nietzsche ne nous l'a pas caché. Mais plus que le monde, lui a déplu ce dégoût qui entamait sa foi en lui-même : « Alles in der Welt missfiel mir : am meisten aber missfiel mir mein Missfallen an allem ». L'héroïsme de l'affirmation, chez Nietzsche, tient précisément dans ce refus de prendre la déception pour critère d'un jugement sur la vie.

III

« C'est moi qui ai donné à la mer le sable pour limite, limite éternelle qu'elle ne doit point franchir » (*Jérémie* VI, 24). En violant cette frontière sacrée, la philosophie de Chestov ne se dresse-t-elle pas contre le Dieu même qui a établi cette séparation ? Aux prophètes, Chestov emprunte la croyance en l'identité absolue du bonheur terrestre et de la foi, la certitude que le malheur est « le fruit de nos pensées ». Mais la loi qu'ils ont proclamée – cette loi qui sort de l'Éternel et à l'accomplissement de quoi il prend plaisir » – Chestov l'écarte délibérément. Pour lui, l'éthique ne reflétera jamais que la déchéance de la condition humaine. Il refuse d'admettre que l'interdiction divine de toucher à l'Arbre de la science suppose en l'homme une intelligence préalable de l'être et du néant où tient déjà la discrimination du bien et du mal. « Vous n'y toucherez pas, de peur que vous ne mourriez… ». Il existe donc, d'emblée, quelque chose de désirable par-dessus tout : la vie, et quelque chose de redoutable par-dessus tout : la mort. Avant même d'avoir mordu au fruit défendu, l'homme comprend la menace. Fluide, diffuse, insaisissable, la volonté de connaissance est déjà toute présente en l'état d'ignorance avant de cristalliser soudain dans le geste premier du péché.

Survienne cet être merveilleusement inadapté à son univers et c'en est fait du *valde bonum* : le Bien et le Mal entrent en scène pour n'en plus sortir. « Il n'est pas possible de vivre en dehors de la morale », avoue Nietzsche, et ailleurs : « j'ai dû abolir la morale pour imposer *ma* volonté morale. » Le courage en face de soi-même qui, chez lui, forme le socle de la triple exigence de lucidité, de justice et de grandeur (voir juste pour vouloir grand) est elle-même, Nietzsche le souligne, un sommet de la sensibilité éthique. Toute victoire sur la morale est l'œuvre d'une morale « en lutte contre une norme antérieure » – d'une nouvelle hiérarchie des passions, d'un jugement de valeur qui prête au monde une teinte nouvelle. Chestov, enseignant à « chercher ce qui est supérieur au bien » – Dieu – ne peut qu'il ne fasse de cette recherche métaphysique une obligation éthique. Certes, Chestov dit vrai : « Dès que la raison aperçoit la nécessité et proclame son « impossible », l'éthique apparaît immédiatement et pose son « tu dois »[1]. Mais lui-même, Chestov, lorsqu'il déclare la guerre aux commandements de la morale et aux prétentions de la raison, n'est-ce pas pour nous imposer son propre impératif ? En nous enseignant de vouloir là où cesse notre pouvoir, en nous créant un *devoir* de ce qui, tout au plus, est notre droit, que souhaite-t-il d'autre que de nous « mettre aux pieds de son Dieu » ? Sans

1. *Kierkegaard et la philosophie existentielle*, p. 67.

doute Chestov m'objecterait-il qu'une morale qui refuse de couvrir la nécessité perd son caractère distinctif. Mais c'est ce que Nietzsche lui-même contesterait : partout où l'homme espère, redoute, repousse, préfère – partout où il se dit : « il devrait en être autrement », la morale existe, dans la plénitude de sa signification. « *La vie elle-même n'est autre que ce souhait* » [1], que cet infatigable mécontentement d'où l'éthique tire son origine.

J'entends bien qu'en l'absolu de la foi, il n'y a plus de place pour l'insupportable « voilà-ce-qui-devrait-être », dans la mesure même où la dépendance totale de l'homme par rapport à Dieu se transforme en une indépendance totale par rapport à la nécessité. Une phrase de Tolstoï, au sujet de Pierre Bezouchov, définit à merveille cet au-delà de l'éthique : « il ne pouvait avoir de but, car maintenant il avait la foi. » Parole qui rejoint celle de Nietzsche : « retrouver l'innocence du devenir en excluant les fins » [2]. Mais ce domaine de la foi où sont suspendues les injonctions et les défenses de la morale commune, les jugements de la morale conceptuelle ; l'individu peut-il y accéder par un autre chemin que celui de l'expérience éthique – cette expérience n'étant au fond que la réponse de l'existant à ce qui existe, à ce qui menace, l'effort le plus opiniâtre de la volonté de ne pas dépérir. Au cours de sa captivité, Pierre comprend enfin « *non par sa raison mais par tout son être*, par sa vie même, que l'homme est créé pour le bonheur ». Il avait

1. *Volonté de puissance*, t. II, p. 152.
2. *Ibid.*, p. 145.

donc fallu cette marche forcée, ces pieds saignants, et l'imminence de la mort brutale pour que lui apparût cette vérité. Et de même qu'il n'était pas en son pouvoir de pénétrer par la volonté ou la seule pensée dans la région où disparaissent les fins et les buts, il ne dépend pas de lui d'y rester après l'heure de la révélation. Mais il a suffi de cette gorgée de liberté à la source de la vie pour lui donner la force de poser dans le concret un but redevenu indispensable.

Entre la foi, la pensée vivante, l'expérience éthique, il n'y a pas de cloison étanche. Ce ne sont qu'échanges, empiétements, contacts imprévus, enchevêtrement de toutes les forces et de toutes les faiblesses humaines. En nous mettant sans cesse en garde contre l'identification du Dieu créateur avec les valeurs « qui nous permettent d'endurer l'existence », en distinguant la foi en Dieu de la croyance en un ordre moral de l'univers, Chestov n'en établit pas moins une étroite corrélation entre la recherche de Dieu et la destruction du mal, pris au sens purement éthique de malheur et de péché. « On ne peut *expliquer* le mal, on ne peut *accepter* le mal et s'entendre avec lui : on peut, on doit uniquement l'exterminer »[1]. Voilà exactement ce que voulaient et faisaient les prophètes. Chez eux, point d'intervalle entre la pensée souffrante et l'action créatrice »[2]. À la question « comment exterminer le mal », ils apportaient une réponse précise. Chestov, lui, n'y répond

1. *Kierkegaard et la philosophie existentielle*, p. 380.

2. C'est que pour eux la présence divine ne se manifeste à l'individu isolé qu'au sein d'une religion révélée unissant à Dieu, par un lien librement contracté, l'ensemble des fidèles – nation élue ou humanité tout entière.

pas et n'a pas à y répondre. Ces « on peut », ces « on doit », plus ils sont impérieux et catégoriques, plus ils trahissent l'impuissance du philosophe à les transmuer en réalités, quel que soit son désir d'être non seulement spectateur mais « législateur », selon l'expression de Nietzsche. Il est en revanche une autre question à laquelle Chestov, me semble-t-il, ne saurait se dérober : si Dieu est par-delà le bien et le mal, si la connaissance de l'un et de l'autre n'a qu'une valeur négative, transitoire, trop humaine, pourquoi Chestov juge-t-il nécessaire, voire indispensable, d'exterminer le mal et non, également, le bien ? Pourquoi s'en prend-il uniquement au Souverain Bien des philosophes qui, cependant, pourrait facilement être anéanti sans que l'éthique s'en portât plus mal ? Nietzsche, lui, tire toutes les conséquences de son attitude : là où le sentiment éthique lui paraît en contradiction avec les lois qui président au développement de la vie, il n'hésite pas à le sacrifier, quoi qu'il lui en coûte. Reste à savoir si, le Dieu moral étant vaincu, on peut encore « imaginer un Dieu qui serait situé par-delà le Bien et le Mal. *Cela aurait-il encore un sens* ? se demande Nietzsche[1]. L'obstination avec laquelle Chestov évite ce problème ne cache-t-elle pas un intime désaccord entre sa sensibilité éthique et son aspiration métaphysique ?

Par ses réflexes, son esprit, par tout son être, Chestov demeure l'héritier d'une morale encore vivace et agissante. Et c'est précisément cette moralité ancestrale, fondée sur la foi qui en lui se dresse, avec la violence d'un instinct sauvage,

1. *Volonté de puissance*, t. II, p. 13.

contre la morale socratique, rationnelle. En réalité, ce Dieu incommensurable au Bien et au Mal de nos jugements moraux, Chestov ne songe pas un instant à le dépouiller de ses attributs éthiques. C'est toujours le Dieu « qui blesse et guérit » et « a pitié de ses serviteurs » : Dieu bon, capable d'amour, de colère, de compassion et d'un intérêt passionné pour sa créature – éternel rival de Dionysos écartelé pour lequel la douleur et la joie, « le bien suprême et le mal suprême sont identiques. » En vain, Chestov veut-il détruire la morale pour libérer la vie : à peine l'a-t-il délogée de la place qu'elle y revient en souveraine. Quand elle ne serait qu'un ensemble d'expédients, destinés à masquer une privation d'être, elle représenterait encore un phénomène trop complexe pour se laisser enfermer dans une définition unique.

En évitant de plonger ses mains dans le limon primitif pour en tirer la forme aveugle qu'un souffle rendra vivante, Chestov s'est condamné à une sorte d'impuissance. Il y a en lui un silence, une abstention qui dissimulent une équivoque fondamentale : il accuse la morale de nous munir uniquement de valeurs qui aident à tolérer l'existence et il refuse de *créer* les valeurs qui permettraient de la changer…

Au terme de cette étude, je m'aperçois qu'à mon tour j'ai éludé l'alternative posée par Chestov. Je n'ai pu ni adopter sa position ni la rejeter absolument. C'est peut-être que l'existence concrète ne comporte pas pour moi la possibilité d'un tel choix. Dans l'adhésion profonde qu'obtient de nous l'énigmatique banalité, il n'y a place ni pour le oui sans réserve de

Nietzsche, ni pour le non sans nuances de Chestov. Et pourtant seuls m'importent ce *oui* et ce *non*. Il n'est pas si difficile d'avoir raison contre Chestov; mais impossible d'avoir raison de Chestov. Que n'ai-je su faire apparaître ce je ne sais quoi d'essentiellement résistant, dans sa personne et sa pensée, qui triomphe de nos arguments et de nos objections. Que n'ai-je su montrer ce qu'il y a d'unique dans cette philosophie qui fait profession de n'accepter jamais sa propre impuissance à franchir… Car c'est par là, justement, qu'elle ne me semble pas indigne d'être confrontée à celle de Nietzsche; par là qu'elle nous révèle autre chose et plus que le tragique de la foi désespérée, comme la philosophie nietzschéenne nous propose autre chose et plus que le tragique de la connaissance désespérée.

« L'homme cherche l'image de l'univers dans la philosophie qui lui donne la plus grande impression de liberté, c'est-à-dire dans laquelle son instinct le plus puissant se sent libre dans son activité »[1]. Et voici bien le miracle : cette pensée butée, fermée, volontairement indigente, qui nous prive de l'univers, loin de nous oppresser nous délivre; elle libère en nous « le plus puissant instinct », nous arme contre nos propres convictions, nous rend plus difficile le mensonge. Que lui devons-nous donc de si précieux ? Rien de plus qu'un soupçon, je l'ai déjà dit. Le soupçon d'une possibilité infinie par-delà les conseils et les délibérations de l'esprit, par-delà les incertitudes et les oscillations du cœur : un dépaysement absolu par le déplacement d'une dernière limite.

1. *Volonté de puissance*, t. II, p. 384.

Il faut voir en Chestov un homme qui tente un effort surhumain pour nous faire sentir que nous sommes garrottés, non par nos passions ou par les circonstances, mais par un ennemi plus sournois qui s'est tapi derrière l'idée claire et distincte, au grand jour de l'évidence, et s'est emparé de nous subrepticement, à la faveur de « ce qui va de soi ». Je lui ai reproché de se vouloir philosophe, fantôme, pur esprit... Mais si j'ai tort et si son destin lui commande de rester en luttant – au prix d'une solitude et d'une incompréhension qui ne finiront qu'avec sa vie – *le témoin de sa propre vérité* ?

INDEX DES NOMS

TABLE DES MATIÈRES

ACHEVÉ D'IMPRIMER
EN OCTOBRE 2004
PAR L'IMPRIMERIE
DE LA MANUTENTION
A MAYENNE
FRANCE
N° 331-04

Dépôt légal : 4e trimestre 2004